Reichsgerichts-Entscheidungen

in kurzen Auszügen

Zivilsachen Band 162

1940

J. Schweitzer Verlag, Berlin und München

Printed in Germany

Druck von Dr. F. P. Datterer & Cie., Freising-München.

Von dieser Sammlung erschienen folgende Bändchen:

I. Zivilsachen:	Bd.	76—100	. . .	je RM.	0.80
	„	101—140	. . .	je RM.	1.—
	„	141—155	. . .	je RM.	2.—
Serien:	„	76—155	mit 3 Reg.	zus. RM.	76.—
	„	81—155	83—119 120—130	zus. RM.	71.—
	„	91—155	131—140	zus. RM.	61.—
	„	101—155		zus. RM.	53.—
	„	111—155		zus. RM.	43.—
	„	121—155	mit 4 Reg.	zus. RM.	33.—
	„	131—155	mit 4 Reg.	zus. RM.	28.—
Gesamtregister zu	Bd.	83—119	. . . .	RM.	6.—
Gesamtregister zu	Bd.	120—130	. . . .	RM.	1.80
Gesamtregister zu	Bd.	131—140	. . . .	RM.	1.50
Gesamtregister zu	Bd.	141—150	. . . .	RM.	1.50
II. Strafsachen:	Bd.	45—55	. . .	je RM.	0.80
	„	56—64	. . .	je RM.	1.—
	„	65—71	. . .	je RM.	2.—
Serie: Bd. 45—71 mit Ges.-Reg. zu Bd. 45—60				zus. RM.	27.—
Gesamtregister zu	Band	45—60	. . . .	RM.	3.70

Jedes Bändchen entspricht einem Bande der amtlichen Sammlung.

1. **Kraftwagenverkehr. Gefährdungshaftung. Mitverschulden. Ausgleichung. Beweislast.** (BGB. § 254; KFG. §§ 7, 17.) U. wollte innerhalb einer Stadt mit einem von ihm gesteuerten Lastkraftwagen mehrere Personenkraftwagen, die mit mäßiger Geschwindigkeit vor ihm fuhren, überholen. Während er eben links an ihnen entlang fuhr, kam ihm J. auf einem Kraftrad entgegen. Er bremste sofort; auf der nassen Straße rutschten aber die hinteren Räder seines Wagens nach links und J. stieß damit zusammen. Er wurde schwer verletzt. Sein Schaden wurde ihm zum Teil von einer Versicherungsgesellschaft ersetzt. Er klagte gegen U. auf weitere Zahlungen, außerdem auf Feststellung, daß U., die offene Handelsgesellschaft, der der Wagen gehörte, und die beiden Gesellschafter als Gesamtschuldner, die Gesellschaft und die beiden Gesellschafter aber nur im Rahmen des Kraftfahrzeuggesetzes, ihm zum Ersatz weiteren aus dem Unfall entstehenden Schadens verpflichtet seien. Die Klage auf Zahlung drang zum Teil, die Klage auf Feststellung in vollem Umfang durch. Das Berufungsgericht hatte angenommen, daß ein eigenes Verschulden des Klägers an dem Unfall sich nicht nachweisen lasse, daß aber jedenfalls das als grobe Fahrlässigkeit zu wertende Verschulden des U. überwiege, eine Teilung des Schadens nach § 254 BGB. ihm gegenüber also nicht gerechtfertigt sei. Auch gegenüber den anderen Beklagten wurde eine Teilung des Schadens nach § 17 KFG. nicht für begründet erachtet, da die Betriebsgefahr des bei mäßiger Geschwindigkeit in der richtigen Fahrtrichtung sich bewegenden Kraftrades des Klägers gegenüber dem gewagten Überholungsversuch des Wagens der Beklagten und der groben Fahrlässigkeit des Lenkers weit zurücktrete. Die Beklagten wendeten hiegegen ein, daß im Rahmen des Kraftfahrzeuggesetzes der Kläger für ein mangelndes Verschulden auf seiner Seite beweispflichtig gewesen sei, diesen Beweis aber nicht geführt habe. Das Reichsgericht trat dieser Auffassung nicht bei. Als Haftungsgrund für den Kläger kam, da ihm Verstöße gegen die Fahrordnung nicht nachgewiesen waren, nur die Gefährdungshaftung des § 7 KFG. in Frage. Diese besagt, daß der Fahrzeughalter für die dort angeführten Schäden haftet, es sei denn, daß der Unfall durch ein unabwendbares Ereignis verursacht

worden ist; die Ersatzpflicht entfällt aber, wenn der Halter beweist, daß er und der Fahrzeugführer jede nach den Umständen des Falles gebotene Sorgfalt beobachtet haben. Insoweit, also für die Frage der Haftung an sich, geht Ungeklärtes zu Lasten des Halters. Daraus folgt aber nicht, daß bei der Ausgleichung jedes mögliche Verschulden zu Lasten des Halters, der einen Entlastungsbeweis nicht geführt hat, anzunehmen wäre. Die Bedeutung des § 17 KFG. liegt darin, daß er die im § 254 BGB. vorgeschriebene Abwägung auch für den Fall vorschreibt, daß auf seiten des Verletzten kein Verschulden, sondern nur die von seinem Kraftfahrzeug ausgehende Betriebsgefahr mitgewirkt hat. Auch im Rahmen des § 17 KFG. hat der Haftpflichtige die Tatsachen zu beweisen, die den Einwand, ein Verschulden des Verletzten oder die von seinem Kraftfahrzeug ausgehende Betriebsgefahr hätten mitgewirkt, begründen sollen. Mit Recht war das Berufungsgericht mangels eines von den Beklagten geführten Beweises für das Gegenteil davon ausgegangen, daß der Kläger, wie er behauptete, sich bei mäßiger Geschwindigkeit in der richtigen Fahrtrichtung bewegt habe. Anderseits war es mit Recht dem Beklagten U. als grobe Fahrlässigkeit angerechnet worden, daß er mit seinem wenig wendigen Wagen zwei vor ihm fahrende Personenwagen zu überholen versuchte und dann bei auftauchender Schwierigkeit durch heftiges Bremsen seinen Wagen in die schiefe Lage brachte, obwohl er nur geringe Übung als Kraftfahrzeugführer hatte, mit starkem entgegenkommenden Verkehr rechnen mußte und wegen der Dunkelheit und des heftigen Regens keine genügende Vorschau hatte; dieses Verschulden überwog selbst für den Fall der Annahme eines Verschuldens des Klägers so sehr, daß U. in jedem Falle den ganzen Schaden zu tragen hatte. (VI, 7. Oktober 1939.)

Amtl. Sammlg. S. 1—5.

Vgl. Bd. 114 S. 76; JW. 1932 S. 789.

2. **Kraftwagenverkehr. Mitverschulden. Ausgleichung. Beweislast. Feststellungsklage.** (BGB. § 254; KFG. §§ 7, 17.) Ein Personenkraftwagen wollte auf einer Landstraße zwei vor ihm fahrende Lastzüge überholen. Der vordere Lastzug bog nach links ab; dadurch fuhr der Personenkraftwagen gegen dessen ersten Wagen, geriet in Brand und beschädigte infolgedessen auch den Lastzug. Der Halter

des Lastzuges klagte auf Feststellung, daß der Halter des Personenkraftwagens ihm allen Schaden zu ersetzen habe. Der Beklagte wendete ein, der Führer des ersten Lastzuges habe zu spät gewinkt und nicht in den Rückspiegel gesehen. Das Landgericht wies die Klage ab. Das Berufungsgericht erkannte die Klage dem Grunde nach als gerechtfertigt an und verwies den Rechtsstreit zur Entscheidung über die Höhe des Klaganspruchs an das Landgericht zurück. Das Reichsgericht hob das Urteil auf. Da zur Zeit der Erhebung der Klage sich die Höhe des Schadens nicht berechnen ließ, war die Erhebung einer Feststellungsklage zulässig; infolgedessen bestand aber keine Möglichkeit, über den Klaganspruch nur dem Grunde nach zu entscheiden und zur Entscheidung über die Höhe die Sache an das Landgericht zurückzuverweisen. Zutreffend hatte das Berufungsgericht ausgeführt, daß beim Zusammenstoß mehrerer Kraftfahrzeuge eine Abwägung der beiderseitigen Verursachung des Schadens nach § 17 KFG. nur dann eintritt, wenn beide Fahrzeughalter kraft Gesetzes zum Ersatze verpflichtet sind. Eine solche Haftung hatte es auf seiten des Klägers verneint, weil dieser sich entlastet habe. Das Reichsgericht erklärte den Entlastungsbeweis für unzureichend. Der Führer des ersten Lastzuges hätte sich vor dem Abbiegen nach links sorgfältig davon überzeugen müssen, daß sich hinter ihm kein Fahrzeug befand, das durch sein Abbiegen behindert werden konnte. Ob hiefür ein Blick in den Rückspiegel genügte, konnte dahingestellt bleiben, da der Nachweis fehlte, daß der Führer sich des Rückspiegels sorgfältig bedient hatte. Keinesfalls genügte es, wenn er einige Zeit vor dem Abbiegen hineinsah. Der sorgfältige Fahrer, der nichts versäumen will, muß noch im Augenblick des Abbiegens, ja noch während dessen selbst die Zeit finden, um sich durch den Spiegel oder aber, wenn dieser versagt, unmittelbar zu überzeugen, ob er den Verkehr nicht hindert. Der Rückspiegel hatte sich bei der Prüfung des Wagens durch einen Sachverständigen als blind erwiesen. Das Berufungsgericht hatte als möglich angenommen, daß dieser Zustand erst durch den Brand entstanden sei. Soweit sich das und damit die Frage eines Verschuldens des Klägers selbst als Halters des in Brand geratenen Wagens nicht aufklären ließ, ging es allerdings für die Frage der Haftung an sich zu Lasten des Klägers, der den Entlastungsbeweis zu führen hatte. Stand aber seine Haftung und damit die Notwendigkeit einer Abwägung nach § 17 KFG. fest, so hatte im Rahmen dieser Bestimmung der haftpflichtige Beklagte einen solchen dem Kläger als Verschulden anzurechnenden Einzelumstand zu beweisen; gelang ihm das nicht, so durfte dieser Umstand dem Kläger bei der Abwägung nicht zur Last fallen. (VI, 21. Oktober 1939.)

Amtl. Sammlg. S. 5--7.

Vgl. Bd. 162 S. 1; JW. 1938 S. 744.

3. **Verlegerhaftung. Zeitschrift. Kritik.** (BGB. § 826; SchriftLG. §§ 13, 14, 20.) In einer musikalischen Zeitschrift erschien ein Aufsatz, durch den der Leiter einer Kapelle als vollkommen unfähig bezeichnet und weiter behauptet war, er habe seine angebliche Lizenzkarte zu Unrecht bezogen. Er wandte sich an den Verleger der Zeitschrift, erklärte die Behauptungen des Aufsatzes für unwahr und wies darauf hin, daß der Aufsatz für ihn eine große Schädigung bedeute. Der Verleger beauftragte seinen Hauptschriftleiter, der Sache nachzugehen. Da der Verfasser des Aufsatzes darauf bestand, daß seine Ausführungen richtig seien, unterblieben weitere Schritte. Die Klage gegen den Schriftleiter und den Verleger der Zeitschrift auf Schadenersatz drang im zweiten Rechtszug durch; die Revision des Verlegers hatte keinen Erfolg. Die Beweisaufnahme hatte die grobe Unrichtigkeit der strittigen Beurteilung ergeben; diese war auch in der Form außerordentlich kränkend und beleidigend gewesen. Der Verleger hatte das Ehrverletzende des Aufsatzes erkannt und auch mit der Möglichkeit gerechnet, daß die Beurteilung sachlich unrichtig sei; er war sich auch der schwerwiegenden Folgen für das Fortkommen des Klägers bewußt. Da er den Aufsatz vor der Veröffentlichung nicht gekannt hatte, war ihm allerdings an der Veröffentlichung selbst kein Verschulden zur Last zu legen; dagegen hatte das Berufungsgericht mit Recht eine Haftung des Verlegers für den Schaden angenommen, den der Kläger dadurch erlitten hatte, daß der Beklagte nicht alsbald von der abfälligen Beurteilung abgerückt war. Seine Berufung darauf, daß er den Hauptschriftleiter nicht zur Veröffentlichung einer Berichtigung habe zwingen können, ging fehl, da anzunehmen war, daß dieser sich, wenn der

Beklagte es verlangt hätte, zu einer solchen Berichtigung bereit gefunden hätte. Die Unterlassung verstieß gegen die guten Sitten und machte den Verleger nach § 826 BGB. für den Schaden ersatzpflichtig. Allerdings ist durch das Schriftleitergesetz dem Schriftleiter in erster Linie die Verantwortung für den Inhalt der Zeitschrift übertragen; damit ist aber dem Verleger die Verantwortung nicht abgenommen. Wie ein Eigentümer dafür zu sorgen hat, daß durch die ihm gehörige Sache nicht andere Personen in Gefahr kommen, so hat auch der Verleger einer Zeitschrift oder Zeitung angesichts der erheblichen Gefahren, welche die Verbreitung unrichtiger, insbesondere ehrenkränkender Behauptungen in der Presse für den Ruf und den Erwerb des Betroffenen sowie für das ihm geschäftlich entgegengebrachte Vertrauen mit sich bringen kann, die rechtliche Verpflichtung, derartige Schädigungen zu unterlassen. Hienach ist er gehalten, in Fällen, in denen ein bei ihm angestellter Schriftleiter die ihm obliegenden Verpflichtungen verletzt, in geeigneter Weise einzuschreiten. Eine Einwirkung des Verlegers auf seinen Schriftleiter in diesem Sinne ist kein unzulässiges Eingreifen in dessen Berufsausübung, geschweige denn eine strafbare Pressenötigung im Sinne des § 40 SchriftlG. Der Beklagte hätte sich maßgebliche Urteile über die Fähigkeiten des Klägers verschaffen, insbesondere die Unrichtigkeit der Behauptung, daß er seine angebliche Lizenzkarte zu Unrecht bezogen habe, durch Anfrage bei den zuständigen Stellen der Reichsmusikkammer feststellen können. Der Beklagte hatte hienach zum mindesten leichtfertig (mit bedingtem Vorsatz) gehandelt, indem er die Schädigung des Klägers bewußt in den Kauf nahm. (VI, 18. Oktober 1939.)

Amtl. Sammlg. S. 7—15.

Vgl. JW. 1935 S. 2891, 3644.

4. **Anfechtung der Ehelichkeit.** (BGB. § 1594.) In einer im Jahr 1934 geschiedenen Ehe waren im Jahr 1919 ein Sohn und im Jahr 1924 eine Tochter geboren worden. Während der Empfängniszeit für die Tochter hatte die Frau fortwährend sowohl mit ihrem Ehemanne als mit einem anderen Manne geschlechtlich verkehrt; davon hatte der Ehemann schon vor der Geburt des Kindes Kenntnis gehabt. Im Jahr 1938 focht er die Ehelichkeit des Kindes an mit der Begründung, daß es von dem anderen Manne

abstamme, dem es auffallend ähnlich sei. In zwei Rechtszügen wurde die Klage wegen Versäumung der Anfechtungsfrist abgewiesen. Das Reichsgericht verwies die Sache zurück. Nach der alten Fassung des § 1594 BGB. begann die Jahresfrist für die Anfechtung der Ehelichkeit eines Kindes mit dem Zeitpunkt, in dem der Ehemann von der Geburt des Kindes erfuhr; das galt selbst für den Fall, daß er keinen Verdacht hinsichtlich der ehelichen Abstammung des Kindes hatte oder auch nur haben konnte. Die neue, seit dem 12. April 1938 gültige Fassung der Vorschrift knüpft dagegen den Fristlauf an die Kenntnis des Mannes von Umständen, die für die Unehelichkeit des Kindes sprechen. Darnach muß zweierlei zusammenkommen: einmal müssen dem Manne bestimmte Tatsachen bekannt geworden sein, und weiter müssen diese Tatsachen so beschaffen sein, daß aus ihnen Schlüsse gegen die eheliche Abstammung gezogen werden können. Dabei gilt es gleich, ob dieser Schluß auf Grund allgemeiner Erfahrungsgrundsätze ohne weiteres von jedermann gezogen werden kann oder ob er eine wissenschaftliche Untersuchung erfordert. Auf Grund der Tatsache, daß außer dem Kläger noch ein anderer Mann mit der Mutter des Kindes geschlechtlich verkehrt hatte, Schlüsse auf die Abstammung des Kindes zu ziehen, einen der beiden Männer als Erzeuger auszuscheiden, ist erst im Laufe der letzten Jahre durch die Blutgruppenuntersuchung und die Ehelichkeitsprüfung möglich geworden. Im Jahr 1925 konnte man diese Schlüsse keinesfalls ziehen; deshalb konnten die im vorliegenden Falle festgestellten Tatsachen für jene Zeit nicht als Umstände angesehen werden, die für die Unehelichkeit des beklagten Kindes sprachen. Die neue Fassung des Gesetzes gilt auch für Kinder, die schon vor dem 12. April 1938 geboren sind. Demzufolge war die Anfechtungsfrist für den Kläger nicht verstrichen, als er die Klage erhob. (IV, 19. Oktober 1939.)

Amtl. Sammlg. S. 16—20.

5. **Ehescheidung. Widerspruch.** (EheG. § 55.) Nach mehr als 30jähriger Dauer ging die Ehe eines Bergmannes in die Brüche. Im Jahr 1925 trennte sich die Frau von ihrem Manne. Eine von ihm im Jahr 1926 erhobene Klage auf Wiederherstellung des ehelichen Lebens wurde mit der Begründung abgewiesen, daß die Frau wegen

schwerer Beleidigungen und Bedrohungen ein Scheidungsrecht habe. Im folgenden Jahr klagte die Frau auf Scheidung, nahm aber die Klage wieder zurück, um nicht für den Fall des früheren Todes des Mannes der Knappschaftswitwenrente verlustig zu gehen. Nach Erlaß des Ehegesetzes klagte der Mann auf Scheidung. Die Beklagte widersprach. Das Berufungsgericht gab der Klage statt und sprach auf Antrag der Beklagten aus, daß den Kläger ein Verschulden traf. Das Reichsgericht wies die Klage ab. Fest stand, daß die Ehe der Streitsteile, deren häusliche Gemeinschaft seit mehr als 13 Jahren nicht mehr bestand, unheilbar zerrüttet war, und daß an die Wiederherstellung einer dem Wesen der Ehe entsprechenden Lebensgemeinschaft nicht mehr gedacht werden konnte. Die Frau hatte Widerspruch gegen die Scheidung hauptsächlich erhoben, um sich für alle Fälle die Knappschaftswitwenrente zu sichern. Das Berufungsgericht hatte hiezu erklärt, daß rein wirtschaftliche Gesichtspunkte die Aufrechterhaltung der innerlich ausgehöhlten Ehe nicht rechtfertigen könnten; der Beklagten sei vielmehr zuzumuten, sich notfalls wegen ihres Unterhalts an ihre volljährigen Kinder zu halten. Auch das Reichsgericht erkannte an, daß unheilbar zerrüttete Ehen grundsätzlich geschieden werden sollen, und daß die Beachtung des Widerspruchs des Ehegatten, der an der Ehe festhalten will, die nur durch besondere Gründe zu rechtfertigende Ausnahme bildet; die in den Vordergrund zu stellenden völkischen Belange widerstreiten der Aufrechterhaltung einer inhaltlosen Ehe als leerer Form. Die Beklagte hatte auch schon früher selbst Scheidungsklage erhoben und damit das Fehlen ehelicher Gesinnung auf ihrer Seite bekundet. Grundsätzlich ist auch wirtschaftlichen Gesichtspunkten für sich allein keine maßgebende Bedeutung zugunsten der Beachtung des Widerspruchs gegen die Scheidung beizumessen. Im vorliegenden Falle waren aber besondere Verhältnisse gegeben. Die Beklagte hatte 36 Jahre mit dem Kläger zusammengelebt, hatte ihm und damit der Volksgemeinschaft 6 Kinder geboren und sie großziehen helfen; auf ihrer Seite lag kein Verschulden an der Zerrüttung der Ehe. Daß sie mit dem Kläger nicht mehr zusammenleben wollte, sprach nicht zu ihren Ungunsten, da die Unmöglichkeit eines friedlichen Zusammenlebens mit dem Kläger feststand. Ebensowenig ging es nach der Lage des Falles an, die Beklagte notfalls auf die Hilfe ihrer Kinder zu verweisen. (IV, 26. Oktober 1939.)

Amtl. Sammlg. S. 20—24.
Vgl. Bd. 160 S. 377.

6. Notarhaftung. Zwangsversteigerung. (ZVG. §§ 44, 49, 52, 128, 130; BGB. § 839.) Nach der Zwangsversteigerung eines Grundstücks wurde, da der Ersteher das Bargebot nicht berichtigte, die Forderung gegen ihn auf die Berechtigten übertragen; an erster Stelle kam eine Forderung der Stadtgemeinde K. mit 828 *RM*, an zweiter Stelle eine Forderung der Stadtsparkasse K. mit 13800 Reichsmark zum Zuge. Die Stadtsparkasse beantragte alsbald für ihre Forderung die Wiederversteigerung des Grundstücks. Das Verfahren zog sich lange hin; in seinem Verlaufe wurden für die übertragenen Forderungen Sicherungshypotheken eingetragen. Die Forderung der Stadtgemeinde wurde weggefertigt; die Hypothek verwandelte sich dadurch in eine Eigentümergrundschuld. Der Eigentümer bot sie einem Geldgeber zum Erwerb an. Dieser begab sich zu einem Notar, um sich nach der Rechtslage zu erkundigen. Der Notar war wegen Krankheit abwesend; sein Bürovorsteher erteilte nach Einsicht in das Grundbuch die Auskunft, daß die Grundschuld an erster Stelle stehe und daß sie unbedenklich erworben werden könne. Er entwarf dann die Abtretungserklärung. Mit dieser begab sich der Erwerber der Grundschuld zu einem anderen Notar, der sie beglaubigte und dem Grundbuch einreichte. Bei der Wiederversteigerung fiel die Grundschuld aus, weil der Versteigerungsrichter davon ausging, daß sie der Hypothek der Stadtsparkasse im Range nachgehe. Die Beschwerden des Gläubigers wurden zurückgewiesen. Dieser klagte nun gegen den Notar auf Schadenersatz mit der Begründung, daß der ihm von dem Bürovorsteher erteilte Rat unrichtig gewesen sei. Die Klage drang durch. Vereinigt sich eine gegen den Ersteher eingetragene Hypothek mit dem Eigentum in seiner Person, so kann sie nicht zum Nachteil eines anderen Rechts, das bestehen geblieben ist, oder einer dafür eingetragenen Sicherungshypothek geltend gemacht werden (§ 128 ZVG.). Diese Vorschrift soll verhüten, daß der Ersteher aus der Nichtzahlung des Barerlöses Vorteil zieht. Im Falle der Zahlung wäre das dadurch getilgte Recht erloschen und die nachfolgenden Rechte wären im Range aufgerückt; die Hypothek der Stadtsparkasse wäre also an die erste Stelle gekommen. Sie hatte also auch im Wiederversteigerungsverfahren den Rang vor der Grundschuld des Klägers. Die weitere Vorschrift, daß im Falle der Wiederversteigerung des Grundstücks eine solche Grundschuld bar zu berichtigen ist, gilt nur für den Fall, daß der Barerlös zu ihrer Deckung ausreicht; sie soll nur verhüten, daß eine solche Grundschuld im Falle der Wiederversteigerung bestehen bleibt. Die vom Bürovorsteher erteilte Auskunft war also unrichtig. Ein Verschulden auf seiner Seite war schon um deswillen anzunehmen, weil er sich die Beantwortung der an ihn gestellten Frage zutraute, ohne daß ihm hiefür die erforderlichen Rechtskenntnisse zur Seite standen. Für die Entscheidung kam es übrigens hierauf nicht an; da der Notar seine Amtspflichten in eigener Person zu erfüllen hatte, konnte eine Vertretung im Sinne der §§ 278, 831 BGB. nicht Platz greifen. Die Frage war demnach so zu stellen, ob bei dem Versehen, das dem Bürovorsteher unterlaufen war, den Beklagten selbst der Vorwurf einer Verletzung seiner Amtspflicht traf. Eine solche Verletzung der Amtspflicht hatte das Berufungsgericht darin erblickt, daß er die Erteilung von Rechtsrat durch seinen Bürovorsteher duldete und die Erledigung seiner Amtsgeschäfte für den Fall seiner Verhinderung nicht anders regelte. Das Reichsgericht trat dieser Auffassung bei. Der Notar ist kraft seines Amtes verpflichtet, die Einrichtung seines Büros und den Verkehr in ihm so zu gestalten, daß die Rechtsuchenden vor Schaden bewahrt werden. Eine Gefahr droht diesen immer, wenn eine Angelegenheit, deren Erledigung das Gesetz dem rechtskundigen Notar übertragen hat, von den Angestellten besorgt wird. Dazu gehört vornehmlich die Erteilung von Rechtsauskünften. Es ist mit der Amtspflicht des Notars nicht vereinbar, wenn er duldet, daß von seinen Angestellten solche Auskünfte erteilt werden; für einen aus solcher Duldung entstandenen Schaden ist er haftbar. Ob der Beklagte, wenn ihm der Fall unterbreitet worden wäre, die Rechtslage richtig erkannt und beurteilt hätte, konnte dahingestellt bleiben. Die Frage war dahin zu stellen, ob ein anderer Notar dem Kläger den richtigen Rat erteilt hätte, wenn er darum angegangen worden wäre; und diese Frage war zu bejahen, weil davon auszugehen ist, daß die Beamten ihre Dienstgeschäfte ordnungsmäßig erledigen, auch die Rechtslage keineswegs schwierig zu beurteilen war. Der Beklagte hatte sich darauf berufen, daß der Kläger von dem Ersteher, der ihm die Grundschuld abgetreten hatte, Schadenersatz erlangen könne. Da nur fahrlässige Amtspflichtverletzung vorlag, hatte der Kläger allerdings den Nachweis zu führen, daß er anderweit keinen Ersatz für seinen Schaden erlangen könne. Damit durfte ihm aber nichts Unmögliches zugemutet werden. Ergab die Sachlage, daß der, welcher anderweit als ersatzpflichtig in Betracht kam, kein greifbares Vermögen hatte, so war es Sache des Beklagten, darzutun, daß dennoch Vollstreckungsmöglichkeiten bestanden; auf unsichere künftige Vollstreckungsmöglichkeiten durfte der Kläger nicht verwiesen werden. (V, 30. Oktober 1939.)

Amtl. Sammlg. S. 24—32.

Vgl. Bd. 161 S. 109; JW. 1910 S. 1004; 1917 S. 358; 1919 S. 995; 1936 S. 2535.

7. **Ehescheidung. Herstellungsklage. Rechtsmißbrauch.** (BGB. § 1353; EheG. § 55.) Einer auf § 55 EheG. gestützten Scheidungsklage setzte die beklagte Frau eine Klage auf Wiederherstellung der ehelichen Gemeinschaft entgegen. Die Klage wurde abgewiesen; die Widerklage drang durch. Die Rechtsmittel des Klägers hatten keinen Erfolg. Allerdings lebten die Ehegatten schon seit mehr als 3 Jahren getrennt und lag eine so tiefe Zerrüttung des ehelichen Verhältnisses vor, daß die Wiederherstellung einer dem Wesen der Ehe entsprechenden Lebensgemeinschaft nicht zu erwarten war; die Untergerichte hatten aber den Widerspruch der beklagten Frau gegen die Scheidung aus Gründen, die nicht veröffentlicht sind, für beachtlich erklärt. Nachdem das Scheidungsverlangen des Klägers unbegründet war, hatte er die Rechtspflicht, die eheliche Gemeinschaft wiederherzustellen. Eine hierauf gerichtete Klage ist auch nach dem neuen Eherecht zulässig, ohne daß besondere Umstände für ein bestehendes Rechtsschutzbedürfnis dargetan werden müßten. Die Pflicht des anderen Teiles, diesem Verlangen zu entsprechen, entfällt nur dann, wenn ihm ein Scheidungsgrund zur Seite steht. Dadurch allein, daß der Tatbestand des § 55

EheG. gegeben ist, wird diese Voraussetzung nicht erfüllt, weil die Vorschrift nur auf den Fall eines Scheidungsrechtes wegen Verschulden des die Herstellung verlangenden Ehegatten beschränkt ist. Auch ein Mißbrauch des Rechtes auf Herstellung der ehelichen Gemeinschaft kann aus einem dem § 55 EheG. entsprechenden Sachverhalt, insbesondere aus dem Umstande, daß die Wiederherstellung einer dem Wesen der Ehe entsprechenden Lebensgemeinschaft wegen unheilbarer Zerrüttung des ehelichen Verhältnisses doch nicht zu erwarten ist, nicht hergeleitet werden. Einen solchen Rechtsmißbrauch können, wenn das Herstellungsverlangen ernstlich gemeint ist, nur Tatsachen begründen, die geeignet sind, auf das eheliche Zusammenleben in der Zukunft nachteilig einzuwirken. Die unheilbare Zerrüttung des ehelichen Verhältnisses im Sinne des § 55 EheG. ist demgegenüber ein rechtlich erheblicher Zustand, der das Ergebnis in der Vergangenheit liegender Ereignisse darstellt und dessen Bedeutung sich darin erschöpft, daß er unter Umständen den Ehegatten einen Scheidungsgrund bietet. Nur soweit dieselben Tatsachen, auf denen bereits die Ehezerrüttung beruht, auch bei einer Wiederaufnahme der ehelichen Gemeinschaft wieder vorliegen und das eheliche Zusammenleben von vornherein gefährden würden, könnten sie einen Mißbrauch des Herstellungsverlangens dartun. Die Auffassung, daß schon wegen der völligen Zerrüttung des persönlichen Verhältnisses der Streitteile und der dadurch bedingten Zwangslage, die sich ergeben würde, wenn nach langjähriger Trennung und Entfremdung der Gatten alsbald die häusliche, körperliche und seelische Gemeinschaft wieder aufgenommen werden müßte, der Wiederherstellungsanspruch als sittlich unzulässig und mißbräuchlich anzusehen sei, wurde vom Reichsgericht nicht gebilligt. Hat ein Ehegatte mit einer auf § 55 EheG. gestützten Scheidungsklage keinen Erfolg, weil der Widerspruch des anderen Teiles beachtlich, also die Aufrechterhaltung der Ehe und damit die Bindung an die durch sie übernommenen Pflichten sittlich gerechtfertigt erscheint, so muß nach dem Sinne des Gesetzes grundsätzlich verlangt werden, daß der Kläger sich trotz der bestehenden völligen Ehezerrüttung umstellt und über die von ihm für unüberwindlich gehaltenen Hindernisse eines Wiederzusammenlebens mit dem anderen

Ehegatten hinwegzukommen trachtet. (IV, 23. Oktober 1939.) Amtl. Sammlg. S. 32—35.
Vgl. Bd. 160 S. 112, 250.

8. **Entmündigung.** (BGB. § 6; ZPO. §§ 654, 655, 671; GVG. § 171.) Eine Frau war auf Antrag des Staatsanwalts wegen Geisteskrankheit entmündigt worden. Ihre Klage auf Aufhebung der Entmündigung wurde in zwei Rechtszügen abgewiesen. Das Reichsgericht verwies die Sache zurück. Das Berufungsgericht hatte davon abgesehen, die entmündigte Frau unter Zuziehung eines oder mehrerer Sachverständigen zu vernehmen; es hatte sie wohl gehört, aber ohne Zuziehung von Sachverständigen. Das genügte nicht; das Berufungsgericht war von Einhaltung der zwingenden Vorschrift auch nicht dadurch befreit, daß die Entmündigte im ersten Rechtszug unter Zuziehung eines Sachverständigen vernommen worden war. Verfehlt war auch, daß bei der Verhandlung die Öffentlichkeit nicht ausgeschlossen worden war. Das Berufungsgericht hatte sich in seinem Urteil im wesentlichen auf die Gutachten von zwei Sachverständigen bezogen, ohne ausreichend erkennen zu lassen, daß es diese Gutachten einer selbständigen Prüfung unterzogen hatte. Die vom Berufungsgericht festgestellten Tatsachen ließen sich nicht ausreichend erkennen, daß die Klägerin zur Besorgung ihrer Angelegenheiten außerstande war; die Feststellungen hätten so eingehend sein müssen, daß sie dem Revisionsgericht die ihm obliegende Nachprüfung ermöglicht hätten. (IV, 13. November 1939.) Amtl. Sammlg. S. 35—37.
Vgl. Bd. 57 S. 330.

9. **Milchwirtschaft. Marktschiedsgericht. Rechtsweg.** (GVG. § 13; VO. vom 26. Februar 1935 über die Bildung von Schiedsgerichten für die landwirtschaftliche Marktregelung). Eine Molkereigenossenschaft geriet in Bedrängnis und verpachtete ihren Betrieb an eine andere Genossenschaft. In dem Pachtvertrag verpflichtete sich die Pächterin, an die Milchlieferer der Verpächterin für das Kilogramm Milch 2,5 Reichspfennig Grundpreis und 2,6 Reichspfennig für jedes Fetthundertstel zu zahlen, abzüglich 0,5 Reichspfennig Kapitaldienst. Der Eigentümer eines Landguts, der pflichtmäßig an die Genossenschaft lieferte, bestritt die Zulässigkeit der Abzüge und klagte

auf Auszahlung der innebehaltenen Beträge. In zwei Rechtszügen drang die Klage durch. Das Reichsgericht wies sie ab. Zwischen dem Kläger und den Genossenschaften war keine Vereinbarung über den Milchpreis getroffen worden. Für die Preisfestsetzung war die Anordnung des Milchwirtschaftsverbandes Schlesien vom 7. Januar 1937 maßgebend; nach dieser betrug der Grundpreis für das Kilogramm Milch 2,5 Reichspfennig, der Preis je Fetteinheit sollte entsprechend der Verwertungsmöglichkeit bestmöglich berechnet werden. Der Milchwirtschaftsverband hatte den Pachtvertrag genehmigt; er vertrat die Auffassung, daß damit die Bestimmungen über die Preisgestaltung auch für die Milchlieferer verbindlich geworden seien. Eine Anordnung dieser Art konnte von dem Vorsitzenden des Milchwirtschaftsverbandes mit Zustimmung des Reichsministers für Ernährung und Landwirtschaft erlassen werden. Der Streit ging darum, ob sie ordnungsgemäß erlassen worden war. Für die Entscheidung war unter Ausschluß des ordentlichen Rechtswegs das Schiedsgericht für die landwirtschaftliche Marktregelung zuständig. Diese Zuständigkeit ist auch dann gegeben, wenn es sich darum handelt, ob ein Milchpreis, der für den Einzelfall unter Mitwirkung des Milchwirtschaftsverbandes geregelt wurde, mit bindender Wirkung für die Pflichtlieferer einer Molkereigenossenschaft festgesetzt worden ist oder nicht. Eine andere Beurteilung wäre nur dann angängig, wenn offensichtlich eine solche Anordnung gar nicht hätte ergehen können, etwa wegen ihres Inhalts oder weil sie sich gegen Personen richtete, die der Verbandsgewalt des Zusammenschlusses nicht unterworfen waren. Das war hier nicht der Fall. (II, 18. Oktober 1939.)

Amtl. Sammlg. S. 37—44.
Vgl. Bd. 156 S. 279.

10. **Ehescheidung. Widerspruch.** (EheG. § 55). Die Parteien hatten im Jahr 1929 miteinander die Ehe geschlossen. Aus ihr waren zwei Töchter hervorgegangen, von denen die eine im September 1931, die andere im August 1933 geboren war. Seit Mai 1935 lebten die Ehegatten getrennt; der Ehemann unterhielt seitdem ein ehebrecherisches Verhältnis. Gegen seine Scheidungsklage erhob die Frau Widerspruch. Die Klage wurde in zwei Rechtszügen

abgewiesen. Das Reichsgericht schied die Ehe und erklärte den Kläger für schuldig. Das Berufungsgericht hatte den Standpunkt vertreten, daß im Falle des § 55 EheG. die Aufrechterhaltung der Ehe die Regel, die Scheidung die Ausnahme bilde. Das erklärte das Reichsgericht für unrichtig. Unheilbar zerrüttete und damit ihres inneren Wertes entkleidete Ehenen sind grundsätzlich zu scheiden, wenn nicht besondere Umstände dagegen sprechen. Vom völkischen Standpunkt aus war es wünschenswert, daß der Kläger sein ehebrecherisches Verhältnis durch eine Ehe, aus der wohl noch Kinder zu erwarten waren, in Ordnung bringe. Bei dem verhältnismäßig jugendlichen Alter der Frau lag die Scheidung auch in ihrem wohlverstandenen eigenen Interesse, da sie ihr den Weg in eine neue Zukunft eröffnete. Das einzige Bedenken erwuchs aus dem Vorhandensein der beiden noch erziehungs- und unterhaltsbedürftigen Kinder. Daraus konnte ein Grund entnommen werden, den Ehemann an seinen durch die Ehe begründeten Pflichten festzuhalten, insbesondere zu dem Zweck, den Kindern den Unterhalt zu sichern; auch mit Rücksicht auf die Frau konnte das Vorhandensein der Kinder gegen die Scheidung sprechen, wenn sie sich ihrer Erziehung zu widmen hatte und dadurch gehindert wurde, sich nach der Scheidung eine neue Lebensgrundlage zu schaffen. Im vorliegenden Falle hatte sich aber der Kläger zur Leistung des erforderlichen Unterhalts bereit erklärt; seine Verhältnisse waren so, daß er dazu auch dann in der Lage war, wenn aus seiner neuen Ehe weitere Kinder hervorgingen. Die Scheidung der Ehe durfte nicht daran scheitern, daß der Ehefrau durch sie gewisse Einschränkungen in wirtschaftlicher Hinsicht auferlegt wurden. Die Ausführungen der beklagten Partei, daß nach nationalsozialistischer Auffassung allgemein der Gedanke der Pflichterfüllung in den Vordergrund zu stellen sei und daß es dieser Auffassung entspreche, grundsätzlich den schuldigen Ehemann an seinen mit der Ehe übernommenen Pflichten festzuhalten, wurden vom Reichsgericht nicht gebilligt. Es verstieße gegen den Grundgedanken des neuen Eherechts, eine hoffnungslos zerrüttete und darum im Sinne der Volksgemeinschaft völlig wertlos gewordene Ehe weiter bestehen zu lassen; durch sie würden nutzlos Kräfte gebunden und verzehrt, die bei Trennung der Ehe

der Allgemeinheit zugute kommen könnten. (IV, 6. November 1939.) Amtl. Sammlg. S. 44—46.
Vgl. Bd. 160 S. 41.

11. Ehescheidung. Widerspruch. Verzeihung. (EheG. § 55.) Die Parteien, von denen der Kläger 50, die Beklagte 40 Jahre alt war, hatten im Jahr 1929 die Ehe geschlossen; im Oktober 1930 war eine Tochter geboren worden. Der Kläger war schon früher verheiratet gewesen; aus der Ehe, die wegen seines alleinigen Verschuldens geschieden wurde, waren 4 Kinder hervorgegangen, von denen eines blind war. Bald nach der Geburt des Kindes steckte der Kläger seine Frau mit Tripper an, wodurch sie schwer erkrankte und ihre Gebärfähigkeit verlor. Seit Sommer 1935 lebten die Ehegatten getrennt. Der Kläger hatte im Jahr 1936 ein ehebrecherisches Verhältnis begonnen, aus dem zwei Kinder hervorgingen. Seiner Klage auf Scheidung nach § 55 EheG. setzte die Frau Widerspruch entgegen. In allen Rechtszügen wurde die Klage abgewiesen. Fest stand allerdings, daß das eheliche Verhältnis tiefgreifend und unheilbar zerrüttet war und infolgedessen an die Wiederherstellung einer dem Wesen der Ehe entsprechenden Lebensgemeinschaft nicht gedacht werden konnte. Mit Recht hatten aber die Untergerichte ausgeführt, daß es bei verständiger Würdigung des Wesens der Ehe nicht zu rechtfertigen wäre, den Kläger von einer Frau zu scheiden, die durch ihn die Fähigkeit, Mutter zu werden, verloren hatte, zumal wegen dieser Unfruchtbarkeit sie kaum je wieder eine Ehe eingehen konnte. Ob die Verfehlung, durch welche die Ehe zerrüttet worden war, verziehen war oder nicht, machte nichts aus; die Verzeihung hat in einem solchen Falle nur die Bedeutung eines Beweisanzeichens gegen die Ursächlichkeit der Verfehlung an der Zerrüttung der Ehe. Sittliche Pflicht des Klägers war es, seine durch ihn unfruchtbar gewordene Frau nicht zu verstoßen. Nicht außer acht zu lassen war auch die Unterhaltsfrage. Der Kläger hatte allerdings ein beachtliches Einkommen; nach Versorgung seiner ersten Ehefrau und ihrer 4 Kinder, von denen das blinde erhöhte Aufwendungen erforderte, verblieben ihm aber nur verhältnismäßig bescheidene Beträge, so daß im Falle einer neuen Verehelichung der Unterhaltsanspruch der Beklagten und ihres Kindes stark in Frage gestellt worden wäre. Wenn das Berufungsgericht der Absicht des Klägers, sich wieder zu verheiraten, Gesichtspunkte von bevölkerungspolitischer Bedeutung abgesprochen hatte, trat dabei kein Rechtsirrtum zutage. Abgesehen davon, daß der Kläger schon mehr als 50 Jahre alt war, machte es der bisherige Verlauf seiner Ehen nicht wahrscheinlich, daß ihm nunmehr der Aufbau einer dauerhaften Lebensgemeinschaft gelingen sollte, vor allem auch nicht, daß er sich der Sorge für die Kinder der neuen Ehe länger widmen würde, als er sich der Erziehung der Kinder aus seinen bisherigen Ehen angenommen hatte. Zuungunsten des Klägers kam auch noch in Betracht, daß er schon für den Unterhalt von 2 Frauen und 5 Kindern zu sorgen hatte; eine dritte Heirat konnte eine ernstliche wirtschaftliche Gefährdung der Kinder aus den früheren Ehen mit sich bringen. Wichtiger als Kinder zu erzeugen ist es, sie zu erhalten. (IV, 18. November 1939.)

Amtl. Sammlg. S. 47—51.
Vgl. Bd. 160 S. 44

12. **Leibgedinge. Zwangsversteigerung.** (EGzBGB. Art. 96; ZVG. § 91; EGzZVG. § 9; PrAGzZVG. Art. 6.) Bei Übergabe eines bäuerlichen Anwesens im Jahr 1893 ließ die Übergeberin sich und ihrer Tochter einen Altenteil versprechen. Die Eintragung im Grundbuch unterblieb. Im Jahr 1924 übergab der Erwerber das Anwesen seiner Tochter; diese übernahm die ihrem Vater gegenüber seiner Schwester obliegenden, im Grundbuch nicht eingetragenen Verpflichtungen zur Lieferung von Wohnung, Kost, Feuerung und Wäsche sowie Hege und Pflege in kranken Tagen. Auch diesmal unterblieb die Eintragung der Verpflichtung. Im Jahr 1927 erwirkte die Berechtigte eine einstweilige Verfügung zur Sicherung ihrer Rechte; es wurde eine entsprechende Vormerkung im Grundbuch eingetragen. Im Jahr 1935 kam das Anwesen zur Zwangsversteigerung. Es wurde mit und ohne Altenteil ausgeboten und von der bisherigen Eigentümerin ohne Altenteil erworben; die Vormerkung wurde gelöscht. Die Ersteherin bewilligte dann aber auf Grund einer während des Versteigerungsverfahrens gegebenen Zusage die Eintragung einer Reallast auf lebenslängliche Gewährung von freier Wohnung, Beköstigung, Feuerung, Wäsche, freier Hege und Pflege in kranken Tagen. Im Jahr 1937 wurde das Anwesen

abermals versteigert; es wurde ohne die Reallast zugeschlagen. Die Klage auf Feststellung, daß die Reallast bestehen geblieben sei, wurde in zwei Rechtszügen abgewiesen. Das Reichsgericht gab ihr statt. Nach § 91 ZVG. erlöschen durch den Zuschlag im Zwangsversteigerungsverfahren die Rechte, die nicht nach den Versteigerungsbedingungen bestehen bleiben. Da das Recht der Klägerin nicht in die Versteigerungsbedingungen aufgenommen worden war, wäre es auf Grund dieser Vorschrift untergegangen. Art. 6 PrAGzZVG. bestimmt aber, daß die im Grundbuch als Leibgedinge, Leibzucht, Altenteil oder Auszug eingetragenen Dienstbarkeiten und Reallasten von der Zwangsversteigerung auch dann unberührt bleiben, wenn sie bei der Festsetzung des geringsten Gebots nicht berücksichtigt worden sind. Das Landgericht hatte angenommen, daß das streitige Recht kein Leibgedinge im Sinne dieser Vorschrift sei; das Berufungsgericht hatte das zwar anerkannt, aber die Klage deshalb abgewiesen, weil das Recht im Grundbuch nicht als Leibgedinge bezeichnet war. Das Reichsgericht teilte dies Bedenken nicht. Als Schöpfung des deutschen Rechts hat das Leibgedinge seinen Ursprung in bäuerlichen Verhältnissen. Es bedeutete ursprünglich den Inbegriff aller Vorteile, die einer Person bei Auflösung der rechtlichen Verhältnisse, in denen sie bisher zu einem Bauernhofe stand, aus diesem zu ihrem weiteren Unterhalt zugewiesen wurden, namentlich das Recht der freien Wohnung auf dem Hofe und der Verköstigung aus seinen Erträgnissen. Meist wurde es in Verbindung mit der Abtretung des Hofes an eine jüngere Kraft für den bisherigen Inhaber begründet. Dieser sollte, nachdem er infolge Alters oder aus einem anderen Grunde zur Bewirtschaftung des Hofes und damit zum Erwerb seines Lebensunterhaltes unfähig geworden war, durch das ihm vom Übernehmer versprochene Leibgedinge für seine weiteren Lebenstage sichergestellt werden. Allmählich wurde es Übung, auch die Frau und erwerbsunfähigen Kinder des Übergebers an dem Leibgedinge teilnehmen zu lassen; sogar familienfremde Personen konnten eines solchen Rechts teilhaftig werden. Begriffswesentlich ist die Verbindung mit der Überlassung eines Grundstücks für das Leibgedinge nicht; maßgeblich sind allein die seinen Inhalt ausmachenden Rechte. Unter einem Leibgedinge hat man hiernach im allgemeinen den vertragsmäßig zugesicherten oder durch letztwillige Verfügung zugewandten Inbegriff von dinglich gesicherten Nutzungen und Leistungen zum Zwecke der persönlichen Versorgung des Berechtigten zu verstehen. Das Recht der Klägerin war hienach als Leibgedinge zu erachten. Sie hatte in unmittelbarer Verbindung mit der Übertragung des elterlichen Hofes an ihren Bruder den Anspruch auf Bestellung eines echten Leibgedinges erworben und später auch die Eintragung einer Vormerkung zur Sicherung dieses Anspruchs durchgesetzt; nachdem dieses Recht durch die Zwangsversteigerung untergegangen war, hatte die Erwerberin des Hofes zugunsten der Klägerin die Reallast wörtlich mit dem schon bei der ersten Gutsabtretung vorgesehenen Inhalt in das Grundbuch eintragen lassen. Es wäre widersinnig, wenn dieses Recht deshalb ausfallen sollte, weil es nicht in Verbindung mit einem Grundstücksüberlassungsvertrage bestellt worden war. Es machte auch nichts aus, daß das Recht im Grundbuch nicht als Leibgedinge bezeichnet war; vielmehr genügte, daß das Wesen des Rechts als Leibgedinge sich aus der Eintragung mit genügender Deutlichkeit ergab. Das Recht der Klägerin war also durch den Zuschlag nicht erloschen. (V, 30. Oktober 1939.)

Amtl. Sammlg. S. 52—63.

Vgl. Bd. 29 S. 174; Bd. 152 S. 104; JW. 1935 S. 3040.

13. **Ehesachen. Revision.** (VO. vom 14. April 1939 über die Ausübung der bürgerlichen Rechtspflege in Böhmen und Mähren; VO. vom 28. Februar 1939 zur weiteren Überleitung der Rechtspflege in Österreich und den sudetendeutschen Gebieten.) Nach § 4 der Verordnung vom 14. April 1939 über die Ausübung der bürgerlichen Rechtspflege in Böhmen und Mähren ist die Verordnung vom 28. Februar 1939 zur weiteren Überleitung der Rechtspflege in Österreich und in den sudetendeutschen Gebieten sinngemäß anzuwenden; demgemäß unterliegt ein in einem Ehescheidungsstreit ergangenes Urteil der Revision nur dann, wenn diese im Urteil für zulässig erklärt worden ist. Die Obergerichte des Protektorats sind aber nach dem für sie geltenden Rechte nicht in der Lage, die Zulassung der Revision auszusprechen. Das zwingt dazu, die Revision entweder in allen Sachen dieser Art

zuzulassen oder sie ausnahmslos zu versagen. Das Reichsgericht entschied sich für die unbeschränkte Zulassung. (IV, 20. November 1939.) Amtl. Sammlg. S. 63—64.

14. Schikane. Unzulässige Rechtsausübung. Schaden. (ÖstABGB. §§ 1293, 1295; BGB. §§ 226, 826.) In einem Rechtsstreit wegen Zahlung von Mietzins für Geschäftsräume wurde die Mieterin verurteilt. Ihr Anwalt legte in ihrem Auftrag Berufung ein, übersah aber, daß es sich um eine Feriensache handelte; die Berufung wurde demzufolge als verspätet abgewiesen. Die Klage gegen den Rechtsanwalt auf Schadenersatz hatte keinen Erfolg. Im Berufungsurteil wurde ausführlich dargelegt, daß die im früheren Rechtsstreit eingelegte Berufung der Klägerin aussichtslos gewesen wäre; das Reichsgericht trat dieser Auffassung bei. Die Klägerin hatte aber noch weiter ausgeführt, daß durch eine rechtzeitige Einlegung der Berufung jedenfalls die Zwangsvollstreckung aus dem früheren Urteil aufgeschoben worden wäre; durch die Versteigerung ihres Warenlagers sei sie um das Erträgnis des Weihnachtsgeschäftes gekommen und habe dadurch Schaden erlitten. Das Berufungsgericht hatte demgegenüber erklärt, daß die Rechtsmittel nicht dazu bestimmt seien, dem Schuldner die Möglichkeit zu geben, die Erfüllung seiner Verpflichtungen hinauszuziehen und dadurch seine Gläubiger zu schädigen; es hatte auf § 1295 ABGB. verwiesen, wonach dem, der sein Recht nur zum Zwecke der Schädigung ausübt, sogar die Pflicht zum Schadenersatz auferlegt wird. Das Reichsgericht erklärte die Anwendung des Schikanebegriffs auf den vorliegenden Tatbestand für bedenklich. Schikanöse Ausübung eines Rechtes liegt nach dem Gesetz dann vor, wenn die Ausübung offenbar den Zweck hat, den anderen zu schädigen. Eine solche Absicht war nicht nachgewiesen; die Absicht der Klägerin ging vielmehr dahin, einen Vollstreckungsaufschub zu erreichen und sich dadurch über Wasser zu halten. Die Auffassung, daß eine Prozeßhandlung, wie es die Berufungseinlegung ist, wegen Schikane als rechtswidrig oder unzulässig angesehen werden könnte, muß aber überhaupt als rechtsirrig abgelehnt werden. Die Prozeßhandlungen unterliegen in Voraussetzungen, Formgeboten, Zweck, Inhalt und Wirksamkeit nur dem Prozeßrecht und nicht dem Privatrecht;

auf diese Handlungen dürfen also die Vorschriften des bürgerlichen Rechts über Anfechtbarkeit wegen Willensmängel ebensowenig wie jene über Nichtigkeit wegen Verstoß gegen die guten Sitten oder Unzulässigkeit wegen Verstoß gegen das Schikaneverbot zur Anwendung gebracht werden. Selbst die offenbare Absicht, den Prozeßgegner zu schädigen, macht solche Handlungen nicht unzulässig. Die Grundlosigkeit der Klage ergab sich aber aus dem Mangel eines ersatzfähigen Schadens. Der Schuldner kann zwar ein Rechtsmittel einlegen zu dem Zweck, dadurch Zeit für die Erfüllung seiner Verbindlichkeiten zu gewinnen; wenn ihm dieser Vorteil dadurch entzogen wird, daß das Rechtsmittel nicht ordnungsmäßig eingelegt wird, kann das tatsächlich einen Nachteil für ihn darstellen; ein Schaden im Rechtssinn ist das aber nicht. Der Schuldner hat kein Recht darauf, daß die Erfüllung seiner fälligen Schuld durch die Dauer des Rechtsmittelverfahrens auf einen späteren Zeitpunkt hinausgeschoben wird; der Aufschub der Erzwingbarkeit der Schuldnerleistung ist in solchen Fällen nur eine durchaus unerwünschte, aber unvermeidliche Folge des stets eine gewisse Zeitdauer in Anspruch nehmenden Prozeßbetriebs. (VIII, 26. Oktober 1939.) Amtl. Sammlg. S. 65—69.

15. **Eigentumsvorbehalt. Gutgläubiger Erwerber.** (Öst. ExekO. § 170; ÖstABGB. § 367.) Ein Dampfbackofen wurde unter Vorbehalt des Eigentums bis zur Vollzahlung des Kaufpreises verkauft. Der Käufer stellte ihn in der seiner Mutter gehörigen Mühle auf und nahm ihn dort in Betrieb. Die Mutter übernahm die Bürgschaft und erkannte dabei den Eigentumsvorbehalt an. Mangels Zahlung erklärte der Verkäufer den Rücktritt vom Vertrag und verlangte die Rückgabe des Backofens. Die Mühle wurde zur Zwangsversteigerung beschlagnahmt; der Backofen wurde als Zubehör behandelt, obwohl die Eigentümerin der Mühle auf den Eigentumsvorbehalt hinwies. Die Verkäuferin selbst machte ihre Rechte in dem Verfahren nicht geltend. Die Schwiegertochter der Eigentümerin (Ehefrau des Käufers des Ofens) blieb Meistbietende. Die Verkäuferin des Ofens klagte noch vor der Meistbotverteilung gegen den betreibenden Gläubiger auf Feststellung der Unzulässigkeit der Zwangsvollstreckung in den

Backofen und auf Duldung der Auszahlung des Kaufpreisrestes aus dem Meistbot. Das Feststellungsbegehren wurde vollständig, das Auszahlungsbegehren nur zum Teil anerkannt. Das Urteil erlangte die Rechtskraft. Die Verkäuferin klagte nunmehr gegen die Ersteherin der Mühle auf Herausgabe des Backofens. In zwei Rechtszügen wurde die Klage abgewiesen. Das Reichsgericht verwies die Sache zurück. Die frühere Klage bedeutete keinen Verzicht auf die Rechte der Klägerin an dem Backofen. Einen solchen Verzicht hat die Rechtsprechung für den Fall angenommen, daß der Vorbehaltseigentümer selbst in das Vorbehaltsgut zur Hereinbringung des Kaufpreises vollstreckt. Das traf hier nicht zu, da die Klägerin ihre teilweise Befriedigung nicht durch eigene Zwangsvollstreckung erlangt hatte. Entscheidend für den Rechtsstreit war, ob gegen die Ersteherin eine Eigentumsklage auf Grund des Eigentumsvorbehalts noch möglich war. Die Untergerichte hatten angenommen, daß eine Entwährungsklage nach Versteigerung der Sache nicht mehr auf die Sache selbst, sondern nur noch auf den Erlös gerichtet werden könne. Das Reichsgericht entschied, daß dies nur für den Fall gutgläubigen Erwerbs des Erstehers zutrifft. Durch die Unterlassung der Anmeldung des Rechts der Klägerin im Zwangsversteigerungsverfahren wurde ihr Anspruch nicht verwirkt; der schon vor der Versteigerung nicht gutgläubige Ersteher kann sich nicht auf die Unterlassung der Anmeldung berufen. Für die Beklagte war in dem Zwangsversteigerungsverfahren ein Anwalt tätig geworden. Es mußte vor allem festgestellt werden, ob er zur Zeit des Zuschlags gutgläubig war; wenn das zutraf, war entscheidend, ob auch die Beklagte selbst damals gutgläubig war. Bei Zurückstellung des Backofens hatte die Klägerin den auf Grund des früheren Urteils erhaltenen Anteil am Meistbot dem Vollstreckungsgericht zurückzugeben. (VIII, 26. Oktober 1939.)

Amtl. Sammlg. S. 69—73.

16. Irrtum. Anfechtung. Eigenschaft. (BGB. § 119.) Dem Angestellten einer G. m. b. H. wurde bei seinem Ausscheiden aus ihrem Dienst eine hohe Abfindung bewilligt. Nachträglich stellte sich heraus, daß er von einem für den Geschäftsführer der Gesellschaft bestimmten Briefe, der versehentlich in seine Hand gelangt war, eine Abschrift genommen und diese einem Gläubiger der Gesellschaft überlassen hatte. Die G. m. b. H. focht daraufhin den Abfindungsvertrag wegen Irrtums an und klagte auf Rückzahlung der Abfindung. In allen Rechtszügen wurde die Klage abgewiesen. Wesenseigenschaften wie Vertrauenswürdigkeit, Pflichttreue, Ehrlichkeit sind allerdings als persönliche Eigenschaften anzusehen, so daß ein Irrtum über sie einer Anfechtungsklage als Grundlage dienen kann, vorausgesetzt, daß die Eigenschaft zum Inhalt des Geschäfts in unmittelbarer Beziehung steht. So kann eine solche Eigenschaft für einen Dienstvertrag, besonders einen solchen mit höheren Angestellten, erheblich sein, während sie z. B. bei einem Barkauf gleichgültig ist. Stellt sich heraus, daß ein Angestellter, der eine Abfindung erhalten hat, sich während seiner Dienstzeit Pflichtwidrigkeiten hat zuschulden kommen lassen, so kann das die Anfechtung des Abfindungsvertrags rechtfertigen, wenn aus den Pflichtwidrigkeiten auf das Fehlen einer Eigenschaft geschlossen werden kann, die bei der Gewährung der Abfindung als vorhanden angenommen worden ist. Die Anfechtung läßt sich also nicht schon mit dem pflichtwidrigen Verhalten allein, sondern nur mit dem sich daraus ergebenden Fehlen der vorausgesetzten Eigenschaft begründen. Das Berufungsgericht hatte anerkannt, daß das Verhalten des Beklagten einen schweren Vertrauensbruch darstelle, hatte aber angenommen, daß es sich um eine einmalige, durch besondere Umstände veranlaßte Entgleisung handle, die einen Schluß auf eine in seinem Wesen liegende Vertrauensunwürdigkeit und Treulosigkeit nicht zulasse, zumal sich sein Vorgehen gegen den Geschäftsführer persönlich, nicht aber gegen die G. m. b. H. richtete. Diese Abwägung lag auf tatsächlichem Gebiet und konnte mit der Revision nicht angegriffen werden. (II, 28. Oktober 1939.) Amtl. Sammlg. S. 73—78.

Vgl. Bd. 124 S. 192; RAG. Bd. 14 S. 196.

17. Grundstücksveräußerung. Formzwang. Gesellschaftsvertrag. Vertragsauslegung. (BGB. §§ 157, 313, 705, 709, 712, 715.) Zwischen einem Grundstückseigentümer und einem Gütermakler wurden mehrere im wesentlichen gleichlautende Gesellschaftsverträge geschlossen, die alle die Bewirtschaftung und Verwertung der Grundstücke für gemeinschaftliche Rechnung zum Gegenstande hatten. Beide

Teile sollten an den Gesellschaften je zur Hälfte beteiligt sein. Die Gesellschaften wurden auf unbestimmte Zeit geschlossen, sollten aber erst nach Veräußerung der Grundstücke aufgelöst werden. Die Gesellschaftsschulden sollten bestimmte, in jedem einzelnen Vertrag festgelegte Summen nicht übersteigen; darüber hinausgehende Beträge sollten von den Gesellschaftern anteilig eingezahlt werden. Der Eigentümer der Grundstücke wurde als Geschäftsführer bestellt; er sollte berechtigt sein, die Grundstücke für Rechnung der Gesellschaft zu veräußern. Nach seinem Tode behaupteten seine Testamentsvollstrecker, daß der Höchstbetrag der Gesellschaftsschulden erheblich überschritten worden sei, und klagten gegen den anderen Gesellschafter auf Einzahlung der Hälfte des Überschusses. In zwei Rechtszügen wurde die Klage dem Grunde nach als berechtigt anerkannt. Das Reichsgericht wies sie ab. Das Berufungsgericht hatte angenommen, daß die Gesellschaftsverträge der im § 313 BGB. vorgeschriebenen gerichtlichen oder notariellen Form nicht bedurft hätten, weil in ihnen keine Verpflichtung zur Übertragung des Eigentums an den Grundstücken enthalten war. Das Reichsgericht erklärte diese Auffassung für unrichtig. Für die Beurteilung der Rechtslage war zwischen der Stellung des verstorbenen Gesellschafters als Eigentümer der zu verwertenden Grundstücke und seiner Stellung als Geschäftsführer zu unterscheiden. Allerdings hatte er sich nicht verpflichtet, die Grundstücke in die Gesellschaft einzubringen; Zweck der Gesellschaft war aber die Bewirtschaftung und Verwertung der Grundstücke für gemeinschaftliche Rechnung. Aussicht auf einen nennenswerten Gewinn bot nur die Veräußerung der Grundstücke; die Beteiligung des Beklagten hatte nur dann einen Sinn, wenn das gemeinsame Ziel auf den möglichst günstigen Weiterverkauf der Grundstücke gerichtet war. Das Berufungsgericht hatte die Verträge dahin ausgelegt, daß der verstorbene Gesellschafter wohl berechtigt, aber nicht verpflichtet sein solle, die Grundstücke für Rechnung der Gesellschaft zu veräußern. Diese Auslegung erklärte das Reichsgericht nach dem Inhalt und Zweck der Verträge für unmöglich, für unvereinbar mit § 157 BGB. und darum für das Revisionsgericht nicht verbindlich. Die Verpflichtung des verstorbenen Gesellschafters zum Abschluß von Verkäufen bei sich bietenden günstigen Gelegenheiten ergab sich unmittelbar aus der Natur und dem Zweck der Verträge, ohne daß es einer ausdrücklichen Erwähnung in den Urkunden bedurfte. Der Beklagte konnte ihn zur Einhaltung dieser Pflicht selbst im Wege der Klage anhalten, wenn der gemeinschaftliche Zweck und die Belange der Gesellschaften es erforderten und eine ablehnende Haltung des anderen Gesellschafters gegen Treu und Glauben verstieß; er konnte, wenn der andere Gesellschafter seine Pflichten als Geschäftsführer grob verletzte, ihm die Geschäftsführung entziehen. Auch die Verpflichtung zur Übertragung von Grundeigentum an dritte Personen bedarf der im § 313 BGB. vorgesehenen Form; es ist unerheblich, ob die Verpflichtung bedingt oder unbedingt übernommen wird. Die Verträge waren also mangels Einhaltung dieser Form nichtig. (II, 1. November 1939.)

Amtl. Sammlg. S. 78—84.

Vgl. Bd. 68 S. 260; Bd. 76 S. 182; Bd. 77 S. 415; Bd. 81 S. 49; Bd. 97 S. 329; Bd. 109 S. 22; Bd. 156 S. 129; JW. 1905 S. 73.

18. **Wiedereinsetzung. Probeassessor.** (ZPO. §§ 232, 233; RRAnwO. §§ 6, 13, 29.) Zwei Tage vor Ablauf der Berufungsfrist fand sich ein Vertreter der Partei bei deren Anwalt ein, um Auftrag zur Einlegung des Rechtsmittels zu geben. Der Anwalt war nicht anwesend. Der bei ihm tätige Probeassessor diktierte sofort den Schriftsatz und ließ ihn ins Reine übertragen, damit er am folgenden Tage sofort eingereicht werden könne. Er hatte vor, am Abend mit dem Anwalt über die Sache zu sprechen, wurde aber durch eine lange dauernde Beratung davon abgehalten; am folgenden Tage war er zur Teilnahme an einer Beerdigung beurlaubt. Die Angestellte, die den Schriftsatz angefertigt hatte, wurde am anderen Tage krank. Infolgedessen wurde der Schriftsatz erst einen Tag nach Ablauf der Frist eingereicht. Das Berufungsgericht verwarf die Berufung als unzulässig und lehnte die Wiedereinsetzung in den vorigen Stand ab mit der Begründung, daß der Anwalt Vorsorge hätte treffen müssen, daß er über die Vorgänge während seiner Abwesenheit noch am gleichen Tage unterrichtet werde. Das Reichsgericht gab der sofortigen Beschwerde statt. Ob dem Assessor ein Verschulden zur Last fiel, konnte dahingestellt

bleiben; als Probeassessor hätte er eine Vertretungsbefugnis nur gehabt, wenn sie ihm ausdrücklich übertragen worden wäre. Er war nur Gehilfe des Anwalts und sein Verschulden war von dem Berufungsführer so wenig zu vertreten wie jenes der Angestellten. Dem Anwalt konnte aber nicht angesonnen werden, nach einem Tage der Abwesenheit die Arbeitsunterlagen seiner Angestellten daraufhin zu durchsuchen, ob sich bei ihnen eine eilbedürftige Sache befand. Er durfte sich darauf verlassen, daß er von seinem als zuverlässig bekannten Kanzleivorsteher entsprechend unterrichtet werde. Im vorliegenden Falle war der Kanzleivorsteher zum Heeresdienst eingezogen; sein Vertreter wußte nicht, wann die Frist für die Berufung ablief. Der Probeassessor hätte durch Hinterlassung eines für den Rechtsanwalt bestimmten Vermerks dafür sorgen müssen, daß die rechtzeitige Einreichung der Berufungsschrift im Auge behalten wurde; daß aber der Rechtsanwalt ihn hätte anhalten müssen, den Berufungsantrag sofort zu erledigen, wurde vom Reichsgericht nicht anerkannt. Daß der Rechtsanwalt von dem Berufungsantrag verspätet Kenntnis erhielt, beruhte hienach auf einer Verkettung von Umständen, die er selbst bei Anwendung äußerster Sorgfalt nicht vermeiden konnte. (V, 6. November 1939.) Amtl. Sammlg. S. 84—87.

Vgl. Bd. 157 S. 359; RAG. Bd. 20 S. 165.

19. Ehescheidung. Widerspruch. Schuldausspruch. (EheG. §§ 55, 56, 60, 61.) Aus einer im Jahr 1916 eingegangenen Ehe gingen zwei Töchter hervor, die in den Jahren 1921 und 1923 geboren wurden. Seit 1924 lebten die Eheleute getrennt. Im Jahr 1926 klagte der Ehemann auf Scheidung, wurde aber abgewiesen. Der im Jahr 1939 neu erhobenen Scheidungsklage widersprach die Beklagte, beantragte aber hilfsweise, im Falle der Scheidung den Kläger für alleinschuldig zu erklären. Der Hilfsantrag drang durch. Daß die Ehe unheilbar zerrüttet war, stand unbestritten fest. Der Widerspruch der Beklagten konnte zur Aufrechterhaltung der Ehe nur führen, wenn besondere Gründe das rechtfertigten. Es genügte nicht, daß der Kläger durch die ihm zur Last gelegten Verfehlungen die Zerrüttung der Ehe allein verschuldet hatte. Auch das Vorhandensein der beiden Töchter konnte die Aufrechterhaltung der Ehe nicht rechtfertigen. Die Mädchen hatten die Schuljahre hinter sich und es war damit zu rechnen, daß sie in absehbarer Zeit auf eigenen Füßen stehen würden; bis dahin blieb ihnen der Kläger unterhaltspflichtig. Durch die lange Trennung waren sie auch ihrem Vater entfremdet. Vom Standpunkt der Allgemeinheit aus hatte es keinen Sinn, die Ehe der Parteien aufrecht zu erhalten, obwohl sie seit mehr als 15 Jahren nur noch als eine hohle, jeden Inhalts beraubte Form bestand. Der Antrag, den Kläger für schuldig zu erklären, stützte sich darauf, daß er Beziehungen zu anderen Frauen unterhalten habe. Wenn diese Beziehungen auch nicht zum Ehebruch geführt hatten, lag in ihnen doch eine schwere Verletzung der ehelichen Treupflicht. Sie hätten nur dann unbeachtet bleiben können, wenn bei ihrem Beginn auf seiten der Beklagten jedes eheliche Gefühl völlig zerstört gewesen wäre, so daß sie diese Verfehlungen nicht als ehestörend empfunden hätte; dann hätte sie darauf keine Scheidungsklage mehr stützen können. Das hatte die Beklagte bestritten; das Gegenteil war nicht bewiesen worden. Ihr einseitiges Festhalten an der Ehe und ihre Bereitschaft, die eheliche Gemeinschaft wieder herzustellen, war zwar bedeutungslos, weil eine unheilbare, die Aussicht auf Wiederherstellung der ehelichen Gemeinschaft ausschließende Zerrüttung der Ehe auch dann vorliegen kann, wenn die Bereitschaft zur Wiederherstellung einer rechten ehelichen Gemeinschaft nur auf der einen Seite fehlt. Rechtsirrig war aber die Auffassung des Berufungsgerichts, daß Billigkeitsgründe, die einen Schuldausspruch gegen den Kläger rechtfertigen könnten, darum nicht gegeben seien, weil sich nicht feststellen ließ, daß der Kläger allein die Zerrüttung der Ehe verschuldet hatte. Nach dieser Auffassung wäre die Möglichkeit eines Schuldausspruchs auch dann ausgeschlossen, wenn der Scheidungskläger die Zerrüttung der Ehe zwar nicht ganz, aber doch überwiegend verschuldet hat. Die Frage, ob auch die Beklagte mitschuldig war, konnte offen bleiben, da ein dahingehender Antrag nicht vorlag. (IV, 6. November 1939.)

Amtl. Sammlg. S. 88—93.

Vgl. Bd. 159 S. 306; Bd. 160 S. 18, 104, 147, 392.

20. **Versorgungsanspruch. Schadenersatz. Übergang.** (BGB. §§ 400, 823, 844; RHaftPflG. §§ 1, 3, 7;

ZPO. § 850; DBeamtG. § 139.) Ein Lastkraftwagen, auf dem Personen befördert wurden, wurde von einem Zuge der Reichseisenbahn erfaßt; die darauf befindlichen Personen wurden zum Teil getötet. Unter ihnen befand sich ein württembergischer Gemeindebeamter. Seine Hinterbliebenen erhielten von einer Pensionskasse Bezüge. Sie traten ihre Ansprüche gegen die Reichsbahn und gegen den Halter des Lastkraftwagens an die Pensionskasse ab; das gleiche tat die Gemeinde, in der der Beamte angestellt gewesen war. Die Pensionskasse klagte auf Feststellung, daß die Beklagten samtverbindlich schuldig seien, ihr die Leistungen an die Hinterbliebenen zu ersetzen. In zwei Rechtszügen wurde der Klage unter zeitlicher Begrenzung der Feststellung stattgegeben. Das Reichsgericht wies die Klage ab. Nach § 139 DBeamtG., der nach § 184 auch für Witwen und Waisen gilt, die schon vor dem 1. Juli 1937 Ansprüche auf Versorgung nach altem Recht erworben haben, gehen deren Schadenersatzansprüche in einem solchen Falle in der Höhe der Versorgung auf den Dienstherrn des Beamten über. Dem Wortlaut nach kam diese Vorschrift nicht zur Anwendung, weil die Versorgung nicht von der Gemeinde, sondern von einer Pensionskasse gewährt wurde. Das Berufungsgericht hatte sie gleichwohl für anwendbar erachtet, weil es nicht verständlich wäre, wenn nach dem 1. Juli 1937 der Schädiger in einem Lande mit Pensionskasse frei ausgehen sollte, in dem Lande ohne eine solche dagegen nicht. Das Reichsgericht trat dieser Auffassung nicht bei. § 139 DBeamtG. findet seinem eindeutigen Wortlaut nach nur Anwendung auf Dienstherren, die infolge des Ereignisses, das den Schadenersatzanspruch ausgelöst hat, zur Gewährung oder Erhöhung von Versorgungsbezügen verpflichtet sind. Der Umstand, daß die Pensionskasse wesentlich von den Gemeinden unterhalten wurde, besagte für die Frage nichts Wesentliches. Die Abtretung der Ansprüche der Gemeinde an die Klägerin war also bedeutungslos. Die Abtretung des Anspruchs der Hinterbliebenen war deshalb wirkungslos, weil deren Ansprüche der Pfändung entzogen und somit auch nicht abtretbar waren. Das Berufungsgericht hatte die Abtretungserklärung als eine der Klägerin erteilte Einziehungsermächtigung angesehen, aber das erforderliche Rechtsschutzinteresse für die Ausübung der Einziehungserklärung nicht für genügend dargelegt gefunden. Die Klägerin hatte demgegenüber behauptet, ein eigenes Interesse daran zu haben, daß die Witwe mit ihren Kindern die Entschädigungssumme von den Beklagten ausbezahlt erhalte, damit sie die Summe dann an sie abführen könne. Das Reichsgericht trat der Auffassung des Berufungsgerichts bei, daß damit das eigene Interesse der Klägerin nur getarnt werde und lediglich eine Umgehung eines Abtretungsverbotes vorliege. Für die Zeit bis zum Inkrafttreten des Deutschen Beamtengesetzes war auch daran festzuhalten, daß in Höhe der Versorgungsansprüche den Hinterbliebenen des getöteten Beamten überhaupt kein Schaden entstanden war, so daß sie eine Einziehungsermächtigung insoweit auch nicht hätten erteilen können. Das Reichsgericht erkannte das Ergebnis als wenig erfreulich an, erklärte aber, daß es für die Übergangszeit in den Kauf genommen werden müsse. (VI, 11. November 1939.)

Amtl. Sammlg. S. 93—100.

21. **Kartell. Schriftform.** (KartVO. § 1.) Die Einkaufsgenossenschaften der deutschen Zigarrenladeninhaber sind in doppelter Weise zusammengeschlossen: in einer G. m. b. H., welche die geschäftlichen Belange der Genossenschaften wahrnimmt, und in einem e. V., der die Genossenschaften wirtschaftspolitisch vertritt. Zwischen diesen beiden Verbänden und der Umsatzverrechnungsstelle der deutschen Zigarettenindustrie wurden im Jahr 1930 Vereinbarungen über Preisschutz und Belieferung der Genossenschaften getroffen. Die Verbände verpflichteten sich, die Werbung zum Eintritt in die Genossenschaften und zur Bildung neuer Genossenschaften zu unterlassen; die Umsatzverrechnungsstelle sicherte dafür der G. m. b. H. außer dem Großhandelsnachlaß von 2½% noch eine ihr von den angeschlossenen Zigarettenfabriken zu gewährende Delkredere-Provision von ½% zu. Der Vertrag war nur auf Zeit geschlossen; er trat am 31. März 1932 außer Kraft. Im Jahr 1934 wurde eine wirtschaftliche Vereinigung der Zigarettenindustrie (WVZ.) begründet; die Umsatzverrechnungsstelle wurde eine unselbständige Einrichtung derselben. Zwischen der WVZ. und den Hauptvertretern des Tabakhandels, dem Zentralverband der deutschen Großhändler der Tabakbranche (ZGT.) und dem Reichs-

verband des deutschen Einzelhandels mit Tabakwaren (REТ.) fanden Verhandlungen über eine Kartellbildung statt; die Vereinigungen der Einkaufsgenossenschaften und der deutschen Zigarrenladeninhaber wurden dazu nicht besonders beigezogen, doch vertrat der Vorsitzende des RET., der zugleich Aufsichtsratsvorsitzender der G. m. b. H. war, deren Belange. In einer Aussprache, die er mit dem Vorsitzenden der WVZ. hatte, sicherte ihm dieser zu, daß er sich für die Wiederbewilligung der Delkredere-Provision an die G. m. b. H. einsetzen werde; der Arbeitsausschuß der WVZ. faßte auch einen entsprechenden Beschluß. Die der WVZ. angeschlossenen Zigarettenfabriken zahlten darauf die Delkredere-Provision an die G. m. b. H. bis zum 30. September 1935 aus. Das Zwangskartell der Zigarettenfabriken, das am 19. April 1934 begründet worden war, wurde am 31. März 1935 wieder aufgelöst, die WVZ. blieb aber als Zusammenschluß der Zigarettenfabriken bestehen. Am 25. Juli 1935 kündigte der Bevollmächtigte der in der Umsatzverrechnungsstelle der Zigaretteninduſtrie zusammengeschlossenen Zigarettenfabriken die mit der G. m. b. H. getroffenen Vereinbarungen und erklärte insbesondere, daß die Fabriken vom 1. Oktober 1935 an keine Delkredere-Provision mehr zahlen würden. Die G. m. b. H. klagte gegen eine der Fabriken auf Zahlung der Delkredere-Provision. In zwei Rechtszügen wurde die Klage abgewiesen. Das Reichsgericht verwies die Sache zurück. Das Berufungsgericht hatte angenommen, daß zwischen der Klägerin und der WVZ. eine Vereinbarung zustande gekommen sei, wonach die der WVZ. angeschlossenen Fabriken der Klägerin die ihr früher gewährte Provision wieder zahlen sollten; es hatte dies als ein Kartell erachtet. Das Reichsgericht vermißte hiefür eine ausreichende Begründung. Unbedenklich war anzunehmen, daß die Abreden, die zwischen den beteiligten Verbänden getroffen wurden, als Kartellabreden anzusehen waren; sie waren ihrem Zweck nach darauf gerichtet und auch geeignet, den Markt auf dem Gebiete des Zigarettenhandels zu beeinflussen. Allerdings handelte es sich nicht um Vereinbarungen zwischen Unternehmern der gleichen Wirtschafts- und Absatzstufe, sondern zwischen solchen dreier verschiedener Absatzstufen: Erzeugung, Großhandel und Einzelhandel. Solchen Preisbindungsvereinbarungen fehlt, auch wenn sie auf eine Marktbeeinflussung abzielen, die gesellschaftliche Wesensart; es handelt sich um reine Gegenseitigkeitsverträge der Einzelunternehmer. Zu dieser Frage nahm das Reichsgericht nicht Stellung, da es sich hier um einen zusammenfassenden Gegenseitigkeitsvertrag handelte, den die verbandsmäßig zusammengeschlossenen Erzeuger mit den ebenfalls verbandsmäßig zusammengeschlossenen Abnehmern schlossen. Solche Verträge als Kartellverträge anzusehen, unterliegt keinem Bedenken; sie dienen dem gemeinschaftlichen Zweck, den Absatz allgemein zu regeln und dadurch den Markt zu beeinflussen, haben insofern auch gesellschaftliche oder doch gesellschaftsähnliche Wesensart. Die Vereinbarung bedurfte also der schriftlichen Form. Diesem Erfordernis ist schon dann genügt, wenn die Abmachungen derart schriftlich niedergelegt sind, daß eine Nachprüfung sowohl auf den Inhalt wie auf die Personen der Teilnehmer möglich ist. Der Beschluß des Arbeitsausschusses, auf den sich die Klage stützte, war schriftlich niedergelegt worden. Die Klägerin war zu den Verhandlungen nicht zugezogen worden; sie hatte erst auf wiederholtes Verlangen eine Abschrift des Beschlusses des Arbeitsausschusses erhalten. Unter diesen Umständen war eine schriftliche Niederlegung der Vereinbarung nicht dargetan. Eine solche ergab sich auch nicht schon daraus, daß die Klägerin in Schreiben an die WVZ. die Delkredere-Provision erwähnte. Demnach war zweifelhaft, ob ein Kartellvertrag zwischen den vier Verbänden, also unter Beteiligung der Klägerin, rechtsgültig zustande gekommen war. Auch eine Sondervereinbarung zwischen der WVZ. und der Klägerin hätte der schriftlichen Form bedurft, da sie gleichfalls den Absatz gegenüber den der Klägerin angeschlossenen Einkaufsgenossenschaften regelte und somit als Kartellabrede anzusehen war. Hiezu wäre mindestens ein eindeutiger schriftlicher Beitritt aller Beteiligten zu den im übrigen schriftlich festgelegten Kartellrechten und -pflichten zu verlangen gewesen. Wenn es auch möglich ist, dabei auf einen vorangegangenen Vertrag eindeutig Bezug zu nehmen, so muß das doch in einer Weise geschehen, daß etwaige Änderungen sich zweifelsfrei erkennen lassen und daß auch jemand, der nicht am Vertrag beteiligt ist, aus den schriftlichen Unterlagen ohne weiteres den vollständigen Inhalt der getroffenen Vereinbarung ersehen kann. Das war noch zu prüfen. (II, 15. November 1939.)

Amtl. Sammlg. S. 100—113.

Vgl. Bd. 128 S. 1; Bd. 138 S. 330; Bd. 151 S. 139; JW. 1934 S. 2403; 1936 S. 2516; 1938 S. 3229.

22. **Blutmäßige Abstammung. Feststellungsklage.** (Öst. ABGB. § 159; ÖstZPO. § 228.) Der Kläger war am 15. Februar 1915 geboren und im Taufbuch seiner Pfarrei als eheliches Kind der Eheleute E. und A. S. eingetragen worden. Mit der Behauptung, daß er unmöglich von E. S. abstammen könne, klagte er gegen diesen auf Feststellung, daß er nicht sein Vater sei. In allen Rechtszügen wurde die Klage abgewiesen. Das Allgemeine Bürgerliche Gesetzbuch für Österreich hat, den Anschauungen seiner Entstehungszeit entsprechend, die Frage der blutmäßigen Abstammung überhaupt nicht behandelt, sondern nur die Frage geregelt, unter welchen Voraussetzungen einem Kinde die Rechtsstellung eines ehelichen Kindes zukommt. Diese Regelung beruht auf der Annahme, daß ein in der Ehe geborenes Kind als ehelich anzusehen ist, wenn seine Ehelichkeit nicht innerhalb bestimmter Frist bestritten wird. Das Gesetz kann die Rechtsstellung auf einer solchen Annahme aufbauen; die Annahme versagt aber, wenn die tatsächliche blutmäßige Abstammung in Frage kommt. Hier zeigt sich, daß die Bestreitungsklage auch dieser Aufgabe zu dienen hat. Die blutmäßige Abstammung ist als ein Rechtsverhältnis anzusehen; ein Interesse an der Feststellung besteht jedenfalls dann, wenn die arische Abstammung von Bedeutung wird. Die Feststellung kann aber nicht mit einer Feststellungsklage gegen die Person begehrt werden, die nach dem Gesetz als ehelicher Vater erscheint. Die Klage muß vielmehr gegen den Kurator zur Verteidigung der ehelichen Geburt und der blutmäßigen Abstammung eingebracht werden. Dieser hat die öffentlichen Belange an der sachlichen Wahrheit zu vertreten und ist verpflichtet, über alle Umstände, die für und gegen die Abstammung sprechen, genaue Erkundigungen einzuziehen und sie sorgfältig zu untersuchen. (VIII, 6. November 1939.) Amtl. Sammlg. S. 113—116.

Vgl. Bd. 152 S. 390; Bd. 160 S. 293; Bd. 161 S. 325; JW. 1938 S. 245.

23. Haussohn. Dienste im Geschäft der Eltern. (BGB. §§ 845, 1617.) Ein Kraftradfahrer verunglückte tödlich durch einen Zusammenstoß mit einem Kraftwagen. Die Klage seines Vaters auf Schadenersatz, die damit begründet war, daß der Verunglückte ihm als Haussohn Dienste in seinem Gewerbe geleistet habe, wurde in zwei Rechtszügen abgewiesen. Das Reichsgericht verwies die Sache zurück. Der Kläger betrieb zwei Schotterwerke; eines davon hatte der Verunglückte, der 24 Jahre alt war und im elterlichen Haushalt lebte, selbständig geleitet. Das Berufungsgericht hatte angenommen, daß es sich hiebei um höhere Dienste gehandelt habe, die zu leisten der Verunglückte nicht verpflichtet gewesen wäre. Diese Auffassung erklärte das Reichsgericht für zu eng. In der deutschen Familiengemeinschaft, insbesondere in bäuerlichen, aber auch in gewerblichen Kreisen, bleiben die Söhne und Töchter vielfach auch nach Eintritt der Volljährigkeit im elterlichen Hausstand und arbeiten sowohl im Haushalt wie auch in der Landwirtschaft und im Gewerbe nach besten Kräften weiter, nicht nur für sich, um gleichzeitig ihren Unterhalt zu haben, sondern auch für die Familie, für den Hof oder für das gewerbliche Unternehmen. Diese Dienstleistungen sind grundsätzlich unentgeltlich; die Unterhaltsgewährung ist nicht die geschuldete Vergütung dafür, so wenig die Dienste die geschuldete Gegenleistung für die Unterhaltsgewährung darstellen. Auch Dienste, welche die Kräfte und die Erwerbsfähigkeit des Kindes voll in Anspruch nehmen, wie das bei den auf dem Hofe bleibenden Bauernsöhnen und -töchtern in der Regel der Fall ist, fallen unter die Vorschrift. Entscheidend ist nur, ob die Dienste in den Rahmen des Hauswesens oder des Geschäfts der Eltern fallen. Das kann auch für sogenannte höhere Dienste zutreffen. Das Verhältnis zwischen dem Kläger und seinem Sohne hätte allerdings jederzeit durch ein vertragliches Dienstverhältnis ersetzt werden können; dafür hätte eine stillschweigende Willenseinigung genügt. Solange sich an der familienrechtlichen Grundlage des Verhältnisses nichts änderte, sprach auch bei einer Erhöhung der Arbeitsleistung und Verantwortung des Sohnes, wie sie mit der Übertragung der Leitung des Betriebs verbunden gewesen sein mochte, die Vermutung eher für als gegen die Aufrechterhaltung des bisherigen Zustandes.

(IV, 8. November 1939.) Amtl. Sammlg. S. 116—120.
Vgl. RAG. Bd. 12 S. 94; Bd. 13 S. 221, 252; Bd. 15 S. 325; JW. 1934 S. 1598.

24. Firmenwahrheit. Doktortitel. Teilweise Nichtigkeit. (HGB. §§ 18, 22, 37; BGB. §§ 139, 306.) Ein Chemiker, der den Doktortitel erworben hatte, betrieb unter der Firma Dr. E. B. die Herstellung von kosmetischen und pharmazeutischen Erzeugnissen sowie den Handel damit. Er verkaufte sein Geschäft mit dem Rechte zur Fortführung der Firma an eine Frau. Infolge nachträglicher Streitigkeiten klagte er auf Feststellung der Nichtigkeit des Vertrags. In zwei Rechtszügen wurde die Klage abgewiesen. Das Reichsgericht verwies die Sache zurück. Es handelte sich darum, ob eine Firma, in der ein Doktortitel als Firmenbestandteil enthalten ist, von einem Inhaber, dem dieser Titel nicht zusteht, weitergeführt werden darf. In der Firma eines Einzelkaufmanns ist der Titel jedenfalls geeignet, eine Täuschung über die Verhältnisse des Geschäftsinhabers herbeizuführen; die Weiterführung der Firma mit dem Titel ist daher unzulässig. Der Doktortitel ist als höchstpersönliches Recht unveräußerlich und unvererblich; demgemäß werden weitere Kreise in einem solchen Falle annehmen, daß dem, der im Handel unter Beifügung dieses Titels seine Geschäfte abschließt, der Titel auch wirklich zusteht. Im vorliegenden Falle kam dazu, daß der Ehemann der Beklagten den Beruf eines Heilpraktikers ausübte. § 22 HGB. enthält allerdings eine Durchbrechung des Grundsatzes der Firmenwahrheit zugunsten der Firmenbeständigkeit, aber nur soweit, als das zur Erhaltung der bisherigen Firma und der in ihr verkörperten Werte notwendig ist. Das allgemeine Verbot täuschender Zusätze ist auch auf abgeleitete Firmen anzuwenden. Durch die Möglichkeit des Weitergebrauchs der Firma mit einem Zusatz, der das Nachfolgeverhältnis erkennen läßt, wird der Erhaltung der in der Firma als solcher verkörperten Werte hinlänglich Rechnung getragen. Ob die Beklagte die Firma ohne Nachfolgezusatz unter Fortlassung des Doktortitels weiterführen durfte, brauchte nicht entschieden zu werden. Der Erwerber eines Handelsgeschäfts darf die bisherige, d. h. die unveränderte Firma fortführen. Dabei kommt es allerdings nicht auf die buchstabentreue Angleichung an; ein die Verkehrsauffassung außer acht lassender Formalismus ist zu vermeiden. Die Entscheidung der Frage hängt davon ab, ob der Zusatz des Doktortitels in diesem Sinne als wesentlich anzusehen ist. Der Vertrag richtete sich insoweit, als der Beklagten darin das Recht zur Fortführung der Firma ohne Nachfolgezusatz übertragen werden sollte, auf eine unmögliche Leistung und war demgemäß nichtig. Zu prüfen blieb indessen, ob die Parteien den Vertrag geschlossen hätten, wenn sie sich bewußt gewesen wären, daß die Firma nur mit dem Nachfolgezusatz weitergeführt werden durfte. (II, 2. Dezember 1939.) Amtl. Sammlg. S. 121—124.

Vgl. Bd. 113 S. 306; JW. 1936 S. 923.

25. Ehescheidung. Widerspruch. Revision. (EheG. § 55; ZPO. § 311; VO. vom 14. Juni 1932, Teil I Kap. II Art. 1.) Die Parteien hatten im Jahr 1925 geheiratet. Aus der Ehe gingen drei Kinder hervor, die zur Zeit des Urteils 12, 10 und 7 Jahre alt waren. Seit dem Juli 1934 lebten die Parteien getrennt. Eine vom Ehemann im Jahr 1935 erhobene Scheidungsklage wurde in zwei Rechtszügen abgewiesen. Die neue Klage wurde auf § 55 EheG. gestützt. Die Beklagte widersprach der Scheidung. In allen Rechtszügen wurde die Klage abgewiesen. Die Revision war zulässig, obwohl der Vermerk über ihre Zulassung nur in den Entscheidungsgründen des Berufungsurteils enthalten war; die Verkündung dieses Ausspruchs ist nicht vorgeschrieben. Daß die Parteien seit mehr als drei Jahren getrennt lebten und daß die Ehe unheilbar zerrüttet war, hatte das Berufungsgericht festgestellt, ebenso, daß daran der Kläger allein oder doch weitaus überwiegend durch die Aufnahme von Beziehungen zu einer anderen Frau die Schuld trug. Wenn das Berufungsgericht den Widerspruch der Beklagten als beachtlich anerkannte, hielt es sich im Rahmen der vom Reichsgericht aufgestellten Grundsätze, indem es das Schwergewicht auf das Vorhandensein der drei noch unterhalts- und erziehungsbedürftigen Kinder legte. Gerade vom völkischen Standpunkt aus hat das Wohl der Kinder im Vordergrunde zu stehen; die persönlichen Belange der Ehegatten müssen dahinter zurücktreten. Der Kläger konnte sich nicht mit Erfolg darauf berufen, daß er sich zur Zahlung eines genügenden Unterhalts verpflichtet und für den Todesfall seine Lebensversicherung von 10000 *RM* an die Beklagte und die Kinder zu je ein Viertel abgetreten hatte. Wenn dem Vater durch die Scheidung der alten Ehe die Eingehung einer neuen ermöglicht wird, kann das in aller Regel nur auf Kosten der Kinder der ersten Ehe geschehen; die den Kindern daraus erwachsenden wirtschaftlichen Gefahren können dadurch allein, daß ihnen Unterhaltsansprüche zustehen, nicht ausgeglichen werden. Von diesen rein geldlichen Folgen abgesehen ließ sich auch nicht verkennen, daß der Kläger durch die Begründung einer neuen Familie den Kindern aus der jetzigen Ehe mehr oder minder verloren gehen würde. Vom Kläger als Vater von drei noch unerwachsenen Kindern muß aber verlangt werden, daß er, auch unter Zurückstellung persönlicher Wünsche, sich und seine Kraft den Kindern erhält. Wertvoller als der Versuch der Gründung einer neuen Familie ist die Aufrechterhaltung der alten Ehe mit dem Ziele, den aus ihr hervorgegangenen Kindern die Grundlage für ihre körperliche und geistige Entwicklung nach Möglichkeit zu erhalten. Auf die Tatsache, daß die Scheidung der Ehe dem Kläger die Möglichkeit gebe, mit einer anderen Frau eine völkisch wertvolle Ehe zu schließen, konnte es nicht entscheidend ankommen. (IV, 25. November 1939.)

Amtl. Sammlg. S. 124—127.

Vgl. Bd. 160 S. 41.

26. Gerichtsbestimmung. Inland. (ZPO. §§ 36, 606; ÖstJurNorm §§ 76, 100.) Vor dem Landgericht Görlitz wurde eine Klage auf Ehescheidung erhoben. Die Eheleute waren Österreicher; sie hatten ihren letzten gemeinsamen Wohnsitz in Görlitz gehabt. Das Landgericht Görlitz hielt sich nicht für zuständig, weil der Ehemann in Wien wohnte; das Landgericht Wien verneinte seine Zuständigkeit, weil nach österreichischem Recht Klagen auf Scheidung vor das Gericht gehören, in dessen Sprengel die Ehegatten ihren letzten gemeinsamen Wohnsitz hatten. Beide Gerichte übersahen dabei, daß unter Inland sowohl im Sinne der deutschen wie der österreichischen Vorschriften nicht das Gebiet des Großdeutschen Reiches, sondern entsprechend der Zeit ihrer Entstehung das Gebiet ihres Geltungsbereiches zu verstehen ist. Demgemäß waren sowohl das Landgericht Wien wie auch das Landgericht Görlitz zuständig. Da die Klage in Görlitz anhängig gemacht worden war, bestimmte das Reichsgericht dieses Gericht als zuständig. (VIII, 7. Dezember 1939.)

Amtl. Sammlg. S. 128.

27. **Reichspost. Rechtsverordnung. Bürgschaftsübernahme. Zuständigkeit. Verwaltungsübung. Fehlerhafte Verwaltungsakte. Rechtsschein. Treu und Glauben. Nachträgliche Genehmigung. Schadenersatz. Auskunfterteilung. Vertragsähnliche Haftung. Amtspflichtverletzung. Vertreter.** (WeimVerf. Art. 56, 131; RBeamtHaftG. § 1; BGB. §§ 30, 31, 89, 167, 177, 276, 676, 831, 839.) Ein Oberpostrat, dem bei einer Oberpostdirektion die Behandlung aller Grundstücks- und Bauangelegenheiten übertragen worden war, gab zugunsten einer Baugesellschaft, die Wohnungen für Postbedienstete herstellte, gegenüber einer Bank Bürgschaftserklärungen in bedeutender Höhe ab. Die Reichspost erkannte die Erklärungen nicht als verbindlich an. Die Klage der Bank wurde in zwei Rechtszügen abgewiesen. Das Reichsgericht verwies die Sache zurück. Die Reichspost kann sich zur Erfüllung hoheitsrechtlicher Aufgaben auch bürgerlich-rechtlicher Mittel bedienen und untersteht insoweit bürgerlich-rechtlichen Vorschriften. Das trifft zweifellos zu, wenn die Reichspost als Vermögensträgerin bürgerlich-rechtliche Geschäfte abschließt und so den Geschäftsgegnern auf gleicher Ebene gegenübertritt. Um solche Geschäfte handelte es sich hier. Wenn sie rechtswirksam zustande gekommen waren, verpflichteten sie die Reichspost nicht anders als jeden anderen. Das Berufungsgericht hatte die Rechtswirksamkeit mit der Begründung verneint, daß der Oberpostdirektion die Zuständigkeit für die Übernahme von Bürgschaften für die Reichspost gefehlt habe; es hatte das aus der Zuständigkeitsverordnung vom 13. März 1928 gefolgert, in der die Übernahme von Bürgschaften dem Reichspostministerium vorbehalten ist. Es hatte diese Verordnung als eine Rechtsverordnung angesehen. Das Reichsgericht trat dieser Auffassung nicht bei. Von einer Rechtsverordnung wird gesprochen, wenn die Verwaltung auf einem Gebiete, das der gesetzgebenden Gewalt zusteht, auf Grund einer besonderen Ermächtigung Regelungen im Wege der Verordnung trifft. Die Abgrenzung des Zuständigkeitsbereichs der Postbehörden ist nicht Sache der Gesetzgebung; die Verordnung ist auch nicht auf Grund einer gesetzlichen

Ermächtigung ergangen, wie sie bei Rechtsverordnungen üblich ist. Auch als Verwaltungsverordnung ist allerdings die Zuständigkeitsverordnung Quelle sachlichen Rechts insofern, als durch sie die Zuständigkeit von Behörden zu hoheitsrechtlichen Verrichtungen oder zur rechtsgeschäftlichen Vertretung der Reichspost festgelegt wird. Sie wendet sich zwar nicht an alle Staatsbürger, diese müssen aber die Zuständigkeitsregelung, der die rechtsgeschäftliche Vertretungsmacht in diesem Falle folgt, als bindend hinnehmen. Hinsichtlich der Kenntnis dieser Bestimmungen können aber an den Außenstehenden nicht dieselben Anforderungen gestellt werden wie bei Gesetzen und Rechtsverordnungen, zumal das Ministerium in jedem Falle von der in der Verordnung getroffenen Regelung abweichen kann. Die Klägerin hatte sich darauf berufen, daß den Oberpostdirektionen das Recht zur Gewährung von Baudarlehen an fremde Bauunternehmer und zur Übernahme von Bürgschaften für zweitstellige Tilgungshypotheken übertragen worden sei. Die Erlasse waren schon vor dem Inkrafttreten der Zuständigkeitsverordnung ergangen; da diese aber keine Rechtsverordnung ist, konnten sie formlos in Geltung belassen werden. Damit war aber den Oberpostdirektionen keine unbeschränkte Zuständigkeit zur Übernahme von Bürgschaften eingeräumt; die Bürgschaftsübernahme für fremde Baugelder ist auf den Bereich des Realkredits beschränkt. Aus der Zuständigkeit der Oberpostdirektionen zur Vertretung der Reichspost vor Gericht kann eine Ermächtigung zur Übernahme von Bürgschaften nicht hergeleitet werden. Die Klägerin hatte sich auf eine Verwaltungsübung berufen, wonach Bürgschaftsverträge nur ausnahmsweise durch das Ministerium abgeschlossen worden seien. Da das Ministerium nicht starr an die Zuständigkeitsordnung gebunden ist, kann es allerdings die in der Verordnung zu seinen Gunsten gemachten Vorbehalte lockern oder aufgeben; es ist nicht undenkbar, daß dies durch seine Beteiligung an einer abweichenden allgemeinen Handhabung geschieht. Der Vorbehalt des eigenen Abschlusses durch das Ministerium hat sich vielfach dahin abgeschwächt, daß die Geschäfte durch die Oberpostdirektionen mit dem Vorbehalt der noch zu erteilenden oder schon erteilten Genehmigung abgeschlossen werden. Daraus läßt sich aber keine unbeschränkte Vertretungsbefugnis der Oberpostdirektionen ableiten. Dem Oberpostrat war von dem Präsidenten der Oberpostdirektion eine Bescheinigung ausgestellt worden, wonach er für sein dienstliches Tätigkeitsgebiet zur Vertretung der Oberpostdirektion befugt war; die von ihm ausgestellten Bürgschaftsurkunden für die Baugesellschaft wurden von der Oberpostdirektion ausdrücklich anerkannt. Die Klägerin vertrat die Auffassung, daß diese Bescheinigung als ein Akt staatlicher Hoheitsverwaltung trotz etwaiger Fehlerhaftigkeit rechtlich wirksam sei. Das Reichsgericht erkannte das nicht an. Unrechtmäßige Verwaltungsakte sind allerdings nicht schlechthin nichtig, sondern unter Umständen geeignet, nach außen hin ähnliche Wirkungen wie rechtmäßige zu entfalten. Ein Behördenvorstand kann aber nur solche Befugnisse übertragen, die ihm selbst zustehen. Die Zuständigkeitsvorschriften regeln ausschließlich und endgültig, durch wen die Reichspost im rechtsgeschäftlichen Bereich vertreten wird. Diese Regelung kann durch Verwaltungsakte unbefugter Stellen in keiner Richtung durchbrochen werden. Auch die Rechtsprechung des Reichsgerichts über die vermutete Vollmacht konnte die Klage nicht stützen. Vorausgesetzt für diese ist, daß aus dem äußeren Verhalten des Vertretenen geschlossen werden kann, das Auftreten des Vertreters werde von ihm gebilligt. Vertreten war in diesem Falle das Ministerium, und im allgemeinen konnte angenommen werden, daß diesem ein Geschäftsgebaren, wie es der Oberpostrat geübt hatte, nicht verborgen bleiben konnte. Es war aber festgestellt, daß er geflissentlich hinter dem Rücken seiner Vorgesetzten gehandelt und seine Verstöße durch Unterdrückung von Akten verborgen gehalten hatte. Es fehlte also an einem Zutun des Ministeriums, welches den Zuständigkeitsüberschreitungen äußerlich den Eindruck des Erlaubten hätte verschaffen können. Die Grundsätze über die vermutete Vollmacht sind auch nur für den Verkehr mit Kaufleuten oder wirtschaftlichen Betrieben aufgestellt; zu diesen gehört die Reichspost nicht. Jedermann weiß, daß sie kein gewöhnliches Geschäftsunternehmen, sondern eine Behörde ist; bei der Prüfung der Vertretungsmacht ihrer Beamten hat man nicht von handelsrechtlichen Anschauungen, sondern von der Zuständigkeitsordnung auszugehen. Soweit dem Verkehr hiedurch Erschwerungen in der Nachprüfung der Vertretungsmacht entstehen, müssen sie in den Kauf genommen werden; die Rechtsprechung kann daran nichts ändern. Die Zuständigkeit der Oberpostdirektion ließ sich auch nicht allgemein auf den Gesichtspunkt von Treu und Glauben stützen. Dazu reichen Vorgänge bei der Oberpostdirektion für sich allein genommen schon grundsätzlich nicht aus. Diese ist eine nachgeordnete und in ihrer Vertretungsmacht bestimmten Beschränkungen unterworfene Behörde, die solche Beschränkungen nicht schon aus sich heraus abstreifen kann. Selbst wenn sie sich im Widerspruch mit diesen Beschränkungen ausdrücklich als zuständig bezeichnen würde, wäre das bedeutungslos. Das muß auch für ihr sonstiges Verhalten gelten, auch wenn dieses nach Treu und Glauben als Behauptung der Zuständigkeit aufzufassen wäre. Die Verpflichtungserklärungen wurden auch nicht dadurch wirksam, daß die Klägerin deren Empfang jeweils durch Schreiben an die Oberpostdirektion bestätigte. Zum Teil waren solche Schreiben durch den Oberpostrat unterdrückt worden; das schloß aber nicht aus, sie als ordnungsmäßig der Oberpostdirektion zugegangen zu behandeln. Vorteile für die Klage ergaben sich daraus nicht, da die Oberpostdirektion für das bestätigte Geschäft nicht zuständig war. Erfüllungsansprüche standen also der Klägerin unter keinem der rechtlichen Gesichtspunkte zu; wohl aber konnten Schadenersatzansprüche in Frage kommen. Solche waren zunächst auf unrichtige Auskunftserteilung gestützt. In dieser Hinsicht war die vom Präsidenten der Oberpostdirektion erteilte Bescheinigung besonders wichtig. Zu den Aufgaben des Präsidenten einer Oberpostdirektion gehört es, verbindliche Auskünfte über die Zuständigkeitsbegrenzungen bei der Reichspost zu erteilen; damit verbindet sich die Pflicht, das mit der Sorgfalt zu tun, welche die besondere Schutzbedürftigkeit des Verkehrs verlangt. Immerhin läßt sich aus den Auskünften nicht ohne weiteres ein vertraglicher Schadenersatzanspruch ableiten. Auskunftshandlungen sind Vorgänge tatsächlicher, nicht rechtsgeschäftlicher Art; sie können erst im Rahmen eines Auskunftsvertrages zu Erfüllungshandlungen werden. Ein Auskunftsvertrag kann indessen schon durch die Rückfrage und die Erteilung der Antwort zustande kommen. Dafür ist entscheidend, ob die Umstände unter Berücksichtigung der Verkehrsübung und des Verkehrsbedürfnisses den Rückschluß erlauben, daß beide Seiten die Auskunft zum Gegenstande vertraglicher Rechte und Pflichten machen wollen. Voraussetzung für rechtswirksame Auskunftsverträge war, daß die Auskunft erteilenden Beamten dazu die erforderliche Ermächtigung besaßen. Für den Präsidenten der Oberpostdirektion stand das außer Zweifel. Für den Oberpostrat hatte das Berufungsgericht die Befugnis, Auskunft über seine eigene Zuständigkeit zu erteilen, wie er das insbesondere durch die Vorzeigung der ihm erteilten Bescheinigung getan hatte, schlechthin verneint. Es ist aber begrifflich keineswegs ausgeschlossen, daß ein Beamter dazu berufen sein kann, über seine eigene Zuständigkeit rechtsgeschäftlich verbindliche Auskünfte zu erteilen. Der Präsident der Oberpostdirektion kann mit der Beantwortung von Anfragen über die Zuständigkeit seiner Behörde und ihrer Mitglieder auch einen ihm unterstellten Beamten beauftragen. Es hätte also geprüft werden müssen, ob der Oberpostrat einen solchen Auftrag oder doch die Zustimmung des Präsidenten zur Bescheidung von Zuständigkeitsfragen besaß; eine solche Zustimmung konnte schon in der Aushändigung der Bescheinigung liegen. Dann waren die vom Oberpostrat erteilten Auskünfte der Reichspost zuzurechnen. In der Rechtsprechung ist weiter anerkannt, daß Vertragsverhandlungen, auch wenn sie nicht zum Vertragsschluß führen, ein vertragsähnliches Vertrauensverhältnis unter den Beteiligten erzeugen können, das diese zur Beachtung der im Verkehr erforderlichen Sorgfalt verpflichtet. Werden die Verhandlungen durch einen auftragslosen Vertreter geführt, so kann allerdings ein solches Verhältnis zwischen dem angeblich Vertretenen und dem anderen Teil nicht begründet werden. Die Oberpostdirektion war für den Abschluß von Bürgschaftsverträgen nicht zuständig, sie hatte aber die Verhandlungen darüber zu pflegen; auch der Oberpostrat war für solche Verhandlungen zuständig. Er wäre verpflichtet gewesen, die Beteiligten darauf hinzuweisen, daß die Anträge vom Ministerium verbeschieden werden mußten. Eine Bejahung der Vertretungsbefugnis lag auch schon darin, daß der Oberpostrat die Geschäfte abschloß. Die Grenzen zwischen der Verpflichtung aus einem stillschweigend zustandegekommenen Auskunftsvertrag und der vertragsähnlichen, durch die Führung von Verhandlungen entstehenden Rechtspflicht zur Offenbarung sind flüssig. Der Präsident der Oberpostdirektion hatte mit der Erteilung der irreführenden Bescheinigung schuldhaft gehandelt; dadurch war, wenn nicht schon eine vertragliche, so doch eine vertragsähnliche Haftung der Reichspost begründet worden. Die Klägerin machte dem Präsidenten auch zum Vorwurf, daß er den Oberpostrat mangelhaft überwacht habe. Den gesetzlichen Vertretern öffentlich-rechtlicher Körperschaften kann allerdings im Rahmen dauernder Geschäftsverbindungen, namentlich kaufmännischer Art, eine Pflicht zum Eingreifen und zur Aufklärung obliegen; im vorliegenden Falle hatte aber der Präsident von dem Treiben des Oberpostrats keine Kenntnis. Die Auffassung, daß jede Behörde, deren Beamte bürgerlich-rechtliche Geschäfte abschließen, schon aus diesem Grunde eine vertragsähnliche allgemeine Verpflichtung zur Aufsicht über ihre Beamten habe, entbehrt einer zureichenden rechtlichen Grundlage. Die geltend gemachten außervertraglichen Schadenersatzansprüche stützten sich sowohl auf die allgemeinen Haftungsvorschriften für unerlaubte Handlungen als auch auf die Gesichtspunkte der Amtspflichtverletzung. Der Oberpostrat hatte der Klägerin gegenüber als Beamter gehandelt und so öffentlich-rechtliche Amtspflichten mißbräuchlich verletzt; er selbst war dadurch schadenersatzpflichtig geworden. Für die Haftung der Reichspost aus seinen Verfehlungen bestanden aber besondere Voraussetzungen. Soweit er in Ausübung öffentlicher Gewalt gehandelt hatte, haftete sie an seiner Stelle sowohl für vorsätzliche wie für fahrlässige Verstöße nach Art. 131 WeimVerf. in Verbindung mit § 839 BGB.; sofern sich seine Handlungen dagegen auf bürgerlich-rechtlichem Gebiete bewegten, konnte sich eine Haftung aus den §§ 30, 31, 89, 823, 826, 831 BGB. ergeben. Bei der außervertraglichen Haftung für Verschulden ihrer nicht in Ausübung öffentlicher Gewalt handelnden Beamten stehen die öffentlich-rechtlichen Körperschaften völlig den nichtöffentlich-rechtlichen Personenvereinigungen gleich, so daß eine Anwendung von § 839 BGB. insoweit ausgeschlossen bleibt. Der Oberpostrat hatte der Klägerin gegenüber keine öffentliche Gewalt ausgeübt; er hatte lediglich als Sachbearbeiter für Wohnungsfürsorgeangelegenheiten Rechtsgeschäfte mit ihr abgeschlossen, denen er den Anschein der Rechtswirksamkeit zu geben wußte. Daß die Reichspost auf dem Gebiete der Wohnungsfürsorge die Wohlfahrt ihrer Beamten zu fördern trachtet und insofern hoheitsrechtliche Tätigkeit ausübt, bedeutet keine Fürsorgetätigkeit gegenüber den Personen, denen Bürgschaften gegeben werden. Überhaupt begründet der Umstand, daß die im bürgerlich-rechtlichen Geschäftskreise des Staates oder des Reiches vorgenommenen Handlungen von Beamten zugleich den öffentlichen Belangen dienen, noch keine Ausübung anvertrauter öffentlicher Gewalt. Zuständigkeitsüberschreitungen im bürgerlich-rechtlichen Bereich begründen auch keine Haftung nach Art. 131 WeimVerf. Eine solche Haftung wäre nicht schlechthin abzulehnen, soweit das schadenstiftende Treiben des Oberpostrats durch nachlässige Ausübung der Dienstaufsicht gefördert worden sein sollte, da die Dienstaufsicht hoheitsrechtlicher Art ist. Das Berufungsgericht hatte aber festgestellt, daß eine Verletzung der Aufsichtspflicht nicht vorlag, da der Oberpostrat seine Verfehlungen geschickt zu verbergen wußte, indem er alle aktenmäßigen Unterlagen, die zu seiner Entlarvung führen konnten, unterdrückte. Ob es im allgemeinen an einer hinreichenden Beaufsichtigung des Dienstbetriebs gefehlt hatte, konnte dahingestellt bleiben, weil es sich keinesfalls um eine dritten Personen gegenüber bestehende Amtspflicht handelte. Die Bescheinigung, die der Präsident der Oberpostdirektion dem Oberpostrat ausgestellt hatte, war nicht von öffentlich-rechtlichen, sondern von bürgerlich-rechtlichen Gesichtspunkten aus zu beurteilen; ebenso machte die Verwendung des Amtssiegels die Bürgschaftserklärungen nicht zu öffentlich-rechtlichen Handlungen. Somit kam eine Haftung der Reichspost nur nach den Vorschriften der §§ 31, 89 BGB. in Betracht, sofern der Oberpostrat als verfassungsmäßiger oder besonderer Vertreter der Reichspost handelte oder nach § 831 BGB., wenn er nur als Verrichtungsgehilfe anzusehen war. Die Haftung nach den ersten Vorschriften erstreckt sich auch auf das Verhalten von Personen, die nicht das Recht der uneingeschränkten Vertretung der Körperschaft besitzen, die aber für deren Tätigkeit nicht zu entbehren sind, weil der Vorstand nicht imstande ist, von der ihm zustehenden Vertretungsbefugnis im vollem Umfang Gebrauch zu machen. Die Oberpostdirektion hatte im Laufe der Jahre eine umfangreiche Tätigkeit auf dem Gebiete der Errichtung und Finanzierung von Bauten entwickelt; das brachte für dies Gebiet einen Geschäftsverkehr von bedeutendem Ausmaß mit sich, um den sich die Präsidenten nicht kümmern konnten. Der Oberpostrat, der für dieses Gebiet bestellt war und auch über die dafür bewilligten Haushaltsmittel selbständig verfügte, war für diese Dinge der maßgebende Mann und trat als solcher auch nach außen hervor. Es wäre unerträglich, wenn die Reichspost sich der Haftung für einen Beamten auf einem so verantwortungsvollen Posten mit so weitgehenden Dienstbefugnissen durch einen Entlastungsbeweis nach § 831 sollte entschlagen können. Der Oberpostrat war aber auch in der Tat ein besonderer Vertreter der Reichspost. Er erledigte die in seinen Geschäftsbereich gehörenden Aufgaben zwar unter der Leitung und Aufsicht des Präsidenten, im übrigen aber selbständig und endgültig; der Form nach zeichnete er zwar in Vertretung des Präsidenten, ohne aber dessen Zustimmung in jedem Einzelfall einholen zu müssen; sein Geschäftsbereich war auch wesentlich auf Vertretung der Reichspost nach außen zugeschnitten und umfaßte eine umfangreiche wirtschaftliche Betätigung. Die Reichspost hatte daher für schadenstiftende (also auch für unerlaubte) Handlungen des Oberpostrats einzustehen, sofern er solche in Ausführung der ihm zustehenden Verrichtungen begangen hatte. Die Zuständigkeitsüberschreitungen stellten als solche noch keine unerlaubten Handlungen dar; vielmehr würde erst ein betrügerisches oder absichtlich schadenstiftendes Verhalten, dem er den Anschein rechtmäßigen Tuns zu geben wußte, geeignet sein, als Grundlage für eine Haftung der Reichspost aus § 31 BGB. zu dienen. Wörtlich genommen ist eine unerlaubte Handlung nie eine Verrichtung, die dem Vertreter zusteht; § 31 BGB. verlangt aber eine freiere Auslegung, denn sonst würde sein Schutzzweck gerade dort vereitelt werden, wo der Schutz am notwendigsten ist. Die rechtsfähigen Personenvereinigungen und die ihnen insoweit gleichgestellten Körperschaften des öffentlichen Rechts müssen, soweit sie durch ihre verfassungsmäßigen oder besonderen Vertreter selbsthandelnd in die Erscheinung treten und das auf Sachgebieten tun, die diesen Vertretern zugewiesen sind, deren darin einschlagende unerlaubte Handlungen sich als eigene zurechnen lassen. Wenn der Oberpostrat die Anträge auf Bürgschaftsübernahme entgegennahm und sich den Anschein gab, als behandle er sie sachgemäß, stellte er sich nicht außerhalb des Rahmens seiner Obliegenheiten, sondern handelte, wenn auch schuldhaft und sogar verbrecherisch, innerhalb seines Wirkungskreises. Damit waren die erforderlichen inneren Zusammenhänge zwischen seinen Handlungen und seinem Geschäftsbereich gegeben, wie sie den Anforderungen des Gesetzes und der Verkehrsauffassung entsprechen. (III, 14. März 1939.)

Amtl. Sammlg. S. 129—170.

Vgl. Bd. 35 S. 13; Bd. 65 S. 292; Bd. 78 S. 325; Bd. 114 S. 289; Bd. 115 S. 311; Bd. 116 S. 230, 247; Bd. 117 S. 165; Bd. 120 S. 249; Bd. 122 S. 351; Bd. 127 S. 226; Bd. 130 S. 97; Bd. 131 S. 239, 343; Bd. 132 S. 26; Bd. 146 S. 42; Bd. 154 S. 208; Bd. 155 S. 527, 333; Bd. 156 S. 220; Bd. 157 S. 207, 228; Bd. 158 S. 83; JW. 1910 S. 124; 1911 S. 333; 1927 S. 1089; 1928 S. 2433; 1930 S. 138; 1935 S. 3372; 1936 S. 1826; 1938 S. 3162.

28. **Rechtsanwalt. Entlohnung. Aufrechnung.** (Österr. ABGB. §§ 920, 1004, 1012, 1013, 1014, 1020). Beim Verkauf eines verpachteten Grundstücks wurde vereinbart, daß die Käufer in den Pachtvertrag eintreten sollten, falls der Pächter nicht freiwillig zurücktrete. Sie kündigten noch am gleichen Tage den Pachtvertrag. Der Pächter klagte gegen die Verkäufer auf Schadenersatz. Der Vertrag war von einem Rechtsanwalt beurkundet worden; dieser vertrat die Beklagten auch im Rechtsstreit. Im Laufe des ersten Rechtsganges forderten sie ihn auf, die Urkunde vorzulegen; diesem Auftrage kam er nicht nach. Das Erstgericht erkannte den Anspruch als dem Grunde nach zu Recht bestehend an. Während des Berufungsverfahrens legte der Rechtsanwalt die Urkunde vor und bat um Wiederaufnahme. Diese wurde verweigert, weil die Vorlage der Urkunde schon im ersten Rechtsgange möglich gewesen wäre. Das Urteil wurde bestätigt. Im Verfahren über die Höhe des Anspruchs setzte der Anwalt durch, daß die Klage zu drei Vierteln abgewiesen wurde. Die Auftraggeber weigerten sich, ihm eine Entlohnung zu zahlen, weil sie durch seine Schuld verurteilt worden seien.

Seine Klage drang in zwei Rechtszügen teilweise durch. Das Reichsgericht wies sie ab. Nach österreichischem Recht, das auch in Sudetendeutschland gilt, ist das Rechtsverhältnis zwischen einem Anwalt und seinem Auftraggeber (Bevollmächtigungsvertrag) regelmäßig entgeltlich. Es handelt sich um sogenannte freie Dienste, für die aber im Dienstvertragsrecht des Allgemeinen Bürgerlichen Gesetzbuches kein Raum ist. Der Kläger hatte nach § 1020 auf die nach seinem Stande bedungene Belohnung (§ 1004 ABGB.) Anspruch, wenn er den Vertrag erfüllt hatte. Er war auf Grund des Bevollmächtigungsvertrags zur sachgemäßen Vertretung des Beklagten verpflichtet, haftete aber nicht für den Erfolg (§ 1014 ABGB.). Vereitelte er durch sein Verschulden die Erfüllung des Auftrags, so hatte er nicht erfüllt und hatte auch keine Entlohnung zu beanspruchen. Der vollkommenen Vereitelung steht eine unvollständige Erfüllung gleich, die nach der Natur des Geschäfts auch diese teilweise Erfüllung wertlos macht. Die Unterlassung der Vorlage einer für den Rechtsstreit bedeutsamen Schrift trotz ausdrücklichen Hinweises auf diese, stellte eine Fahrlässigkeit des Klägers und somit ein Verschulden dar. Die Frage, welche Bedeutung die Schrift bei rechtzeitiger Vorlage gehabt hätte, war vom Reichsgericht ohne Bindung an die Stellungnahme der Untergerichte zu prüfen. Es kam zu dem Ergebnis, daß in diesem Falle die Klage schon dem Grunde nach abgewiesen worden wäre. Durch die Verurteilung der Beklagten wurde die Tätigkeit des Klägers für diese im ersten Teile des Rechtsstreites (über den Grund des Anspruchs) völlig wertlos. Für diesen Teil seiner Tätigkeit hatte also der Kläger keine Entlohnung zu beanspruchen. Dafür, daß er im zweiten Teile des Rechtsstreits, im Verfahren über die Höhe des Anspruchs, sich bemühte, den von ihm verursachten Schaden zu beseitigen oder zu mindern, gebührte ihm ebenfalls keine Entlohnung, da es sich hier nur um Leistungen zur Wiedergutmachung des von ihm verursachten Schadens handelte. Dazu war er schon wegen seines Verschuldens verpflichtet. (VIII, 20. November 1939.)

Amtl. Sammlg. S. 171—176.

Vgl. Bd. 91 S. 164; Bd. 117 S. 293.

29. **Verdeckter Einigungsmangel.** (BGB. § 155.) In einem Rechtsstreit über Schadenersatz wegen Körperverletzung durch einen Kraftwagen wurde zwischen dem Rechtsanwalt, der den Kläger vertrat, und einem Angestellten der Versicherungsgesellschaft, bei der die Beklagten (der Halter und der Führer des Wagens) versichert waren, ein Vergleich geschlossen. Der Kläger erklärte nachträglich, eine Einigung sei in Wirklichkeit nicht zustande gekommen; er habe sich die Ansprüche gegen den Halter des Wagens vorbehalten wollen und sein Anwalt habe dies auch dem Angestellten der Versicherung gegenüber erklärt. In zwei Rechtszügen drang seine Klage im wesentlichen durch. Das Reichsgericht verwies die Sache zurück. Der Versicherungsangestellte hatte dem Rechtsanwalt einen Vergleichsvordruck überschickt, worin auch auf die Ansprüche gegen den Halter des Wagens verzichtet war; der Rechtsanwalt hatte auf eine fernmündliche Anfrage, ob der Vergleich, wie besprochen, zustande gekommen sei, bejahend geantwortet. Der Kläger hatte aber in dem Vordruck die Worte „oder gegen sonstige Dritte", die sich auch auf den Anspruch gegen den Halter des Wagens bezogen, durchstrichen; ob der Rechtsanwalt das bei der Überbringung des unterzeichneten Vordrucks bemerkt hatte, wurde nicht festgestellt. Wie allgemein, so muß auch für die Beurteilung, ob ein verdeckter Einigungsmangel vorliegt, jeder Erklärende sich beim Worte nehmen und es sich gefallen lassen, daß seine Erklärung so verstanden wird, wie die Allgemeinheit sie auffaßt. Das Berufungsgericht hatte festgestellt, daß die Versicherungsgesellschaft ihren Willen, auch die Ansprüche gegen den Halter des Wagens abzugelten, unzweideutig zum Ausdruck brachte; dann mußte aber die Erklärung des Rechtsanwalts von jedermann so aufgefaßt werden, daß der Vergleich in diesem Sinne abgeschlossen worden sei. Jedenfalls hätte das Berufungsgericht eine Prüfung nach dieser Richtung vornehmen müssen. Der Umstand, daß der Kläger in dem Vordruck die Worte „oder gegen sonstige Dritte" durchstrichen hatte und daß der Versicherungsangestellte den Vordruck von dem Rechtsanwalt entgegennahm, ohne die Durchstreichung zu bemerken, brauchte für sich allein einen verdeckten Einigungsmangel nicht herbeizuführen, zumal der Rechtsanwalt auf die Streichung nicht hingewiesen hatte. Der

Vordruck enthielt nach seiner Fassung lediglich ein Vertragsangebot, nicht etwa einen Vertrag, für den die Schriftform von vornherein in Aussicht genommen war. (VI, 25. November 1939.) Amtl. Sammlg. S. 177—181. Vgl. Bd. 100 S. 134.

30. Innungsverband. Öffentlich-rechtliche Aufgabe. Unlauterer Wettbewerb. Rechtsweg. (GVG. § 13; 1. Durchf.-VO.z. OrgAufbG. §§ 5, 16.) Eine Bezirksstelle des Reichsinnungsverbandes des Bandagisten- und Orthopädie-Mechaniker-Handwerks sandte an eine Reihe von Krankenkassen ein Rundschreiben, worin Beschwerde darüber geführt wurde, daß die Kassenmitglieder an bestimmte Firmen verwiesen würden, die in ihren Kostenanschlägen niedrigere Preise berechneten als die Fachfirmen. Es wurde ausgeführt, daß dies nur auf Kosten einer geringeren Leistung oder auf Kosten der Fabrikanten geschehen könne; eine besonders bevorzugte Firma habe schon falliert und sei dauernd in Schwierigkeiten. Von einer ausdrücklich genannten Firma war behauptet, sie beschäftige keinen geprüften Meister. Zum Schluß war gebeten, in Zukunft von einer Bevorzugung einzelner Firmen abzusehen. Die ausdrücklich genannte Firma fand in dem Rundschreiben einen Verstoß gegen die Grundsätze des lauteren Wettbewerbs und klagte auf Verurteilung des beklagten Innungsverbandes, die in dem Rundschreiben aufgestellten ungünstigen Behauptungen, die sie alle auf sich bezog, zu widerrufen. In zwei Rechtszügen drang die Klage durch. Das Reichsgericht wies sie ab. Die Reichsinnungsverbände bilden im Rahmen der fachlichen Zusammenfassung der gewerblichen Wirtschaftsgliederungen der Reichsgruppe Handwerk selbständige Fachgruppen. Sie haben die Stellung von rechtsfähigen Vereinen, also von juristischen Personen des bürgerlichen Rechts. Ihre Aufgabe ist, ihre Mitglieder auf dem Fachgebiete zu beraten und zu betreuen; in der Wahrnehmung der wirtschaftlichen Belange ihrer Mitglieder sind sie weitgehend dem Gedanken der Förderung des Gemeinwohls unterworfen. Ihr Aufgabenkreis liegt wesentlich auf öffentlich-rechtlichem Gebiete. Der Staat bedient sich ihrer zur Durchsetzung seiner Ziele, die er im Rahmen einer planmäßig auf die Belange des Volksganzen gerichteten Gesamtwirtschaft verfolgt, und beruft sie zur Erfüllung öffentlich-rechtlicher Aufgaben, die sich hieraus ergeben. Irrigerweise hatte das Berufungsgericht dem Innungsverband öffentlich-rechtliche Bedeutung um deswillen abgesprochen, weil sich die Betätigung jedes Wirtschaftsverbandes im Rahmen des Staatswohls und der Grundsätze des nationalsozialistischen Staates zu halten habe. Soweit dabei die Kartelle und ähnliche auf Markt- und Preisregelung abgestellte Zusammenschlüsse ins Auge gefaßt sind, haben diese allerdings ebenfalls auf die Belange der Gesamtwirtschaft Rücksicht zu nehmen und sich in ihren Maßnahmen danach zu richten; das geschieht aber nicht kraft einer ihnen vom Staat auferlegten Pflicht, sondern innerhalb einer in erster Reihe den Belangen ihrer Mitglieder gewidmeten, also auf privatwirtschaftlichem Gebiete liegenden Betätigung. Gerade die pflichtmäßige Befassung mit den Belangen der Volksgemeinschaft und die auftragsmäßige Berücksichtigung des Staatswohls sind es aber, welche die Tätigkeit der Wirtschaftsgruppen und damit auch der Innungsverbände zu einer öffentlich-rechtlichen erheben. Eine Nachprüfung der in Wahrnehmung dieser Aufgaben getroffenen Maßnahmen ist demgemäß im ordentlichen Rechtswege unzulässig. Die Versendung der Rundschreiben fiel in diesen Aufgabenkreis. Wie der Verband seiner Pflicht zur fachlichen Betreuung seiner Mitglieder nachkommen wollte, stand bei ihm. War er der Meinung, bei der Vergebung von Kassenaufträgen würden einzelne Mitgliedsfirmen ohne Grund zugunsten anderer hintangesetzt, und hielt er es für geboten, deswegen bei den Krankenkassen vorstellig zu werden, so hielt er sich auch dann im Rahmen einer seinen Aufgaben gemäßen Betätigung, wenn durch sein Vorgehen die Mitgliedsfirmen, deren Bevorzugung unterbunden werden sollte, benachteiligt wurden. Selbst eine Verfolgung eigennütziger oder seiner öffentlich-rechtlichen Aufgabe fremder Ziele könnte nichts daran ändern, daß die Versendung der Rundschreiben bestimmt und geeignet war, einem Mißstand abzuhelfen, zu dessen Bekämpfung der beklagte Innungsverband kraft der ihm übertragenen Pflicht zur fachlichen Betreuung seiner Mitglieder berufen war oder sich doch berufen fühlen konnte. Um einen Akt reiner Willkür, der allerdings nicht beanspruchen könnte, als öffentlich-rechtliche Tätigkeit gewertet zu werden, handelte es sich nicht. Demgemäß konnte der Beklagte im ordentlichen Rechtswege nicht dazu angehalten werden, sein mit der Klage beanstandetes Vorgehen zu unterlassen oder die in dem Rundschreiben enthaltenen Behauptungen zu widerrufen. Der Klage stand die Unzulässigkeit des Rechtswegs entgegen. (II, 6. Dezember 1939.)

Amtl. Sammlg. S. 181—192.

Vgl. Bd. 150 S. 140; Bd. 158 S. 357, 377; JW. 1938 S. 113.

31. Ehescheidung. Widerspruch. (EheG. § 55.) Der auf Scheidung der Ehe wegen innerer Zerrüttung und langjähriger Trennung gestützten Klage widersprach die Ehefrau, obwohl sie zur Wiederaufnahme der ehelichen Gemeinschaft nur bedingt bereit war. Das Berufungsgericht lehnte eine Berücksichtigung des Widerspruchs hauptsächlich mit der Begründung ab, daß die Beklagte nach der Trennung ein besonders liebloses und gehässiges Verhalten gegen den Kläger an den Tag gelegt habe. Das Reichsgericht erklärte das für bedenklich. Für die Beachtung des Widerspruchs der beklagten Partei ist nicht das Verhalten des einen oder anderen Ehegatten entscheidend, sondern vor allem der Wert, den die zu scheidende Ehe für die Volksgemeinschaft hat. Da eine unheilbar zerrüttete Ehe, die auch für die Zukunft keine dem Wesen der Ehe entsprechende Lebensgemeinschaft der Ehegatten mehr erwarten läßt, in der Regel ihren Wert für die Volksgemeinschaft verloren hat, ist der Widerspruch gegen die Scheidung nur beachtlich, wenn im einzelnen Falle besondere Gründe die Aufrechterhaltung der Ehe sittlich gerechtfertigt erscheinen lassen. Im Rahmen der Gesamtwürdigung kann dann allerdings das Verhalten des der Scheidung widersprechenden Ehegatten während der Trennungszeit von erheblicher Bedeutung sein; es kann insbesondere dahin führen, ungünstige Auswirkungen der Scheidung auf die wirtschaftliche Lage des widersprechenden Ehegatten nach allgemeinen Gesichtspunkten als ihm zumutbar erscheinen zu lassen. Im vorliegenden Falle lebten die Ehegatten schon seit 12 Jahren getrennt und hatten sich auch innerlich ganz voneinander gelöst; die Ehe war zur hohlen Form geworden. Das einzige Kind war längst erwachsen und versorgt. Daß das Witwengeld der beklagten Ehefrau durch die Scheidung gefährdet wurde, konnte nicht ins Gewicht fallen, weil diese ungünstige wirtschaftliche Folge ihr mit Rücksicht auf ihr gehässiges Verhalten gegenüber dem Kläger während der Trennungszeit zuzumuten war. Schließlich war auch zu berücksichtigen, daß die Beklagte schon bald nach der Trennung die Scheidung der Ehe wegen ehewidriger Beziehungen ihres Mannes hätte herbeiführen können und ihr damals die Schaffung einer neuen Lebensgrundlage leichter geworden wäre. (IV, 18. November 1939.) Amtl. Sammlg. S. 193—195.

Vgl. Bd. 160 S. 15.

32. **Sozialversicherung. Aufrechnung.** (TschechoslG. vom 21. Februar 1929 über die Pensionsversicherung der Privatangestellten § 46; Österr. AGBGB. § 1323.) Ein Angestellter bei einem Bergwerk in Mähren ging seines Pensionsanspruchs dadurch verlustig, daß sein Arbeitgeber unterließ, ihn bei der Pensionsversicherungsanstalt anzumelden. Er klagte gegen den Arbeitgeber auf Schadenersatz. Dieser rechnete mit vollstreckbaren Forderungen auf, die ihm gegen den Angestellten zustanden. In zwei Rechtszügen wurde die Aufrechnung zugelassen und die Klage abgewiesen. Das Reichsgericht gab der Klage statt. Ansprüche der Versicherten gegen die Pensionsanstalt sind nur unter gewissen Voraussetzungen (die hier nicht zutrafen) pfändbar und auch nur in gleicher Weise der Aufrechnung zugänglich. Solche Ansprüche standen hier allerdings nicht in Frage. Zu beachten war aber, daß, um den Ersatz eines verursachten Schadens zu leisten, alles in den vorigen Stand zurückversetzt werden muß; der Geschädigte soll nach Möglichkeit so gestellt werden, wie wenn der zum Schadenersatz verpflichtende Umstand nicht eingetreten wäre. Wenn der Beklagte pflichtgemäß den Kläger zur Versicherung angemeldet hätte, wäre es ihm nicht möglich gewesen, zur Hereinbringung seiner Forderungen gegen den Kläger durch Pfändung seiner Ansprüche gegen die Versicherung zu vollstrecken. Daraus war für ihn die Verpflichtung abzuleiten, gegenüber dem Schadenersatzanspruch des Klägers Aufrechnungen zu unterlassen, die er gegen den Rentenanspruch des Klägers nicht hätte geltend machen können. (VIII, 27. November 1939.)

Amtl. Sammlg. S. 195—198.

Vgl. RAG. Bd. 12 S. 338.

33. Prozeßvergleich. Unwirksamkeit. Anfechtung. Irrtum. Berechnungsirrtum. (BGB. §§ 119, 779; ZPO. §§ 160, 794.) Einem Vorstandsmitglied einer Aktiengesellschaft wurde bei seinem Ausscheiden ein Ruhegehalt und für seine Witwe ein entsprechendes Witwengeld zugesichert. Als die Gesellschaft in Abwicklung trat, verweigerte sie die Weiterzahlung des Ruhegehalts. Er klagte auf Zahlung und Sicherstellung. Vor dem Berufungsgericht kam ein Vergleich zustande, wonach er sich mit einer einmaligen Zahlung für abgefunden erklärte. Er schloß den Vergleich zugleich namens seiner Frau und versprach, deren Vollmacht nachzubringen. Nach einigen Tagen erklärte er, seiner Frau die Genehmigung des Vergleichs nicht zumuten zu können und ihn deshalb widerrufen zu müssen; zugleich focht er den Vergleich wegen Irrtum und arglistiger Täuschung an. Das Berufungsgericht verhandelte in der Sache weiter, verneinte das Zustandekommen des Vergleichs, erklärte hilfsweise auch die Irrtumsanfechtung für begründet und gab der Klage in vollem Umfang statt. Das Reichsgericht verwies die Sache zurück. Für die Entscheidung der Frage, ob die mangelnde Zustimmung der Frau den Vergleich unwirksam machte, hielt das Reichsgericht weitere tatsächliche Feststellungen für notwendig; die hierauf bezüglichen Ausführungen sind nicht veröffentlicht. Hinsichtlich der Irrtumsanfechtung prüfte das Reichsgericht zunächst, ob diese durch Fortsetzung des bisherigen Rechtsstreits geltend gemacht werden konnte. Bisher vertrat das Reichsgericht die Auffassung, daß diese Frage regelmäßig in einem besonderen Rechtsstreit ausgetragen werden müsse. Grundsätzlich Stellung zu nehmen bestand kein Anlaß, da im vorliegenden Falle auch schon nach der bisherigen Rechtsprechung die sachliche Stellungnahme zur Anfechtung des Vergleichs zugelassen werden konnte. Nachdem über das wirksame Zustandekommen des Vergleichs selbst Streit bestand, bedurfte es ohnehin der Fortsetzung des Rechtsstreits zur Klärung dieser Frage. Außerdem war die Anfechtung wegen Irrtum schon aus rechtlichen Gründen für unwirksam zu erachten. Die Anfechtung wegen arglistiger Täuschung, zu der das Berufungsgericht nicht Stellung genommen hatte, verlangte keine umfangreiche Beweisaufnahme. Unter diesen Umständen wäre es mit dem Grundsatz der Prozeßwirtschaftlichkeit nicht vereinbar gewesen, wenn die Parteien auf den Weg eines neuen Rechtsstreits verwiesen worden wären. Die Anfechtung wegen Irrtum hatte der Kläger damit begründet, daß ihm ein solcher bei der Berechnung seiner rückständigen Beträge unterlaufen sei. Ein Berechnungsirrtum wird in der Regel dann zu einem Irrtum über den Inhalt der Erklärung, wenn die Berechnung in der Erklärung selbst oder doch bei den entscheidenden Verhandlungen erkennbar zum Ausdruck gekommen ist. Das war hier nicht der Fall gewesen. Einer Kapitalabfindung haftet immer ein spekulativer Einschlag an; der Mehrbetrag, um den es sich handelte, war auch im Verhältnis zur Gesamtsumme unerheblich. Noch weniger kam eine Unwirksamkeit des Vergleiches nach § 779 BGB. in Frage. (II, 2. Dezember 1939.)

Amtl. Sammlg. S. 198—202.

Vgl. Bd. 65 S. 420; Bd. 78 S. 288; Bd. 101 S. 107; Bd. 105 S. 406; Bd. 106 S. 312; Bd. 135 S. 338; Bd. 141 S. 106; Bd. 142 S. 5; JW. 1927 S. 1362, 1993; 1936 S. 34.

34. **Sparkasse. Besonderer Vertreter. Schadenersatz. Ursächlicher Zusammenhang.** (BGB. §§ 30, 31, 249, 826, 831, 852.) Ein Beamter einer städtischen Sparkasse wollte auf einem ihm gehörigen Grundstück einen Bau aufführen lassen. Er bewarb sich bei der Siedlungsabteilung der Stadt um eine Hypothek aus Mitteln der Hauszinssteuer. Zu diesem Zweck mußte er ein Eigenkapital von mindestens 10% der Bausumme nachweisen. Da er kein Vermögen besaß, nahm er bei der Sparkasse ein Hypothekdarlehen von 46000 *RM* auf; von diesem Betrage wurden 12000 *RM* als ein Sparkassenguthaben des Beamten verbucht; das darüber ausgestellte Sparbuch wurde zugunsten der Siedlungsabteilung gesperrt. Der Bauunternehmer, der den Bau ausführte, blieb zufolge Überschreitung des Kostenanschlags mit 26000 *RM* unbefriedigt. Er klagte gegen die Sparkasse auf Schadenersatz mit der Begründung, daß er den Bau nur übernommen habe, weil er der Überzeugung gewesen sei, daß die Bewilligung der Hauszinssteuerhypothek in Ordnung gehe. Die Klage drang durch. Dem Sparkassendirektor war die Vermögenslage des Beamten bekannt; mit seinem Einverständnis war der Plan erdacht und ausgeführt worden, dem Beamten zur Erlangung der Hauszinssteuerhypothek dadurch behilflich zu sein,

daß der Siedlungsabteilung der Stadt durch die Anlegung eines Sparbuchs das Vorhandensein von Eigenmitteln des Beamten vorgetäuscht wurde. Allerdings hatte der Kläger den Bau schon übernommen und auch begonnen, ehe die Hypothek bewilligt wurde; das Berufungsgericht hatte aber die Ursache für den Schaden des Klägers darin gefunden, daß der Beamte durch die ihm vom Direktor der Sparkasse gemachte Zusage, ihn auf diese Weise zu unterstützen, zu dem Bauvorhaben ermutigt und endgültig bestimmt worden sei, obwohl allseits darüber Klarheit bestand, daß die vorhandenen Mittel zur Deckung der Baukosten nicht ausreichten. Für dieses Verhalten des Direktors der Sparkasse hatte das Berufungsgericht die Sparkasse haftbar gemacht, weil dieser ein verfassungsmäßig berufener Vertreter der Sparkasse gewesen sei. Das Reichsgericht billigte diese Auffassung. Der aus 8 Mitgliedern bestehende Vorstand der Sparkasse war deren allgemeines Willensorgan; er hatte aber nach der Satzung deren Geschäfte nur soweit zu besorgen, als sie nicht Beamten der Sparkasse übertragen waren. Die Übertragung erstreckte sich auf die Kassengeschäfte, die Buch- und Rechnungsführung, kurz auf alle Geschäfte der laufenden Verwaltung; diese waren von einem Rendanten, einem Gegenbuchführer und einem Kassierer zu besorgen. Der leitende Rendant war der Direktor der Sparkasse; er war also verfassungsmäßig berufener besonderer Vertreter für die laufenden Geschäfte. Zu diesen gehörte auch die Ausstellung von Sparbüchern. Ob er seine Befugnisse überschritt, indem er die Ausstellung des Sparbuchs anordnete, obwohl der Beamte keine Einzahlung leistete, war für die Anwendung des § 31 BGB. unerheblich; diese Vorschrift setzt nicht voraus, daß der verfassungsmäßig berufene Vertreter sich in den Grenzen seiner Vertretungsmacht gehalten hat, wie denn von einer berechtigten Vertretung bei Vornahme einer unerlaubten Handlung nicht wohl die Rede sein kann. Die Vorschrift umfaßt gerade die Fälle, in denen eine Handlung des Vertreters durch seine rechtsgeschäftliche Vertretungsmacht nicht gedeckt wird. Dadurch, daß der Direktor der Sparkasse bei der Täuschung der Siedlungsabteilung mitwirkte und so den Beamten bestimmte, sein Bauvorhaben auszuführen, war ein adäquater ursächlicher Zusammenhang mit dem dem

Kläger entstandenen Schaden gegeben. Für die Überschreitung des Kostenvoranschlags hatte das Berufungsgericht die Sparkasse nicht haftbar gemacht, wohl aber dafür, daß ihr Direktor ein Unternehmen gefördert hatte, für das von vornherein die vorhandenen Mittel nicht ausreichten. Eine Verteilung des Schadens nach § 254 BGB. hatte das Berufungsgericht abgelehnt. Die Beklagte haftete nicht nach § 831 BGB., sondern nach § 31 BGB.; bei Anwendung dieser Vorschrift kommt aber gegenüber einer sittenwidrigen und vorsätzlichen Schädigung eine einfache Fahrlässigkeit des Geschädigten nicht in Betracht. Nicht ganz so lag es allerdings bei der Frage, was der Kläger zur Abwendung oder Minderung des Schadens tun mußte. Ob hier Fahrlässigkeit des Klägers hätte berücksichtigt werden müssen, konnte aber dahingestellt bleiben, da das Berufungsgericht festgestellt hatte, daß der Kläger ausreichende Versuche unternommen hatte, von dem Beamten Befriedigung zu erlangen. (VI, 6. Dezember 1939.) Amtl. Sammlg. S. 202—208.

Vgl. Bd. 131 S. 239; Bd. 148 S. 58; JW. 1917 S. 593.

35. **Gemeinschaftliche Mauer. Fensterrecht. Nachbarliche Duldungspflicht. Gesetzesauslegung.** (BGB. § 922; RheinBGB. Art. 675; EGzBGB. Art. 124; PrAGz BGB. Art. 89.) Zwei aneinander grenzende Häuser im Gebiet des ehemaligen französischen Rechts (Code civil) waren durch eine gemeinschaftliche Mauer voneinander geschieden. Ein Haus war erheblich höher als das andere. Der Eigentümer dieses Hauses wollte in der gemeinschaftlichen Mauer ein Fenster anbringen, um einem Arbeitsraum in seinem Hause mehr Licht zuzuführen. Der Eigentümer des anderen Hauses verweigerte die Zustimmung. Die Klage wurde im ersten Rechtszug abgewiesen. Die Sprungrevision des Klägers führte zur Zurückverweisung der Sache an das Berufungsgericht. Das Recht auf Benutzung gemeinschaftlicher Mauern ist im § 922 BGB. erschöpfend geregelt. Nach Art. 124 EGzBGB. sind landesgesetzliche Bestimmungen unberührt geblieben, welche das Eigentum an Grundstücken zugunsten der Nachbarn noch anderen als den im bürgerlichen Gesetzbuch aufgestellten Beschränkungen unterwerfen; der Inhalt der vom Bürgerlichen Gesetzbuch selbst verordneten nachbarlichen Eigen-

tumsbeschränkungen darf durch Landesrecht nicht geändert, also weder erweitert noch verengert werden. Nach § 922 BGB. kann jeder Nachbar die gemeinschaftliche Mauer zu dem Zweck, der sich aus ihrer Beschaffenheit ergibt, insoweit benutzen, als nicht die Mitbenutzung des anderen beeinträchtigt wird; solang einer der Nachbarn an der Erhaltung der Mauer ein Interesse hat, darf sie nicht ohne seine Zustimmung beseitigt oder verändert werden. Demgegenüber bestimmt Art. 675 RheinBGB., daß kein Nachbar ohne Zustimmung des anderen in der gemeinschaftlichen Mauer ein Fenster anbringen darf. In Art. 89 PrAGzBGB. wird Art. 675 RheinBGB. unter den Vorschriften aufgeführt, die durch diese Vorschrift nicht aufgehoben werden; doch gilt das nur für solche Vorschriften, die nicht schon infolge Reichsgesetz außer Kraft treten. Die Frage ist also, ob Art. 675 RheinBGB. neben § 922 in Kraft geblieben ist. Die herrschende Meinung bejaht die Fortgeltung der Vorschrift. Das Reichsgericht schloß sich ihr an. Art. 675 RheinBGB. ist ein Teil des Fensterrechts, das zahlreiche deutsche Landesrechte in der Form kennen, daß der Gebäudeeigentümer Fenster, die auf das Grundstück des Nachbarn gehen, nicht oder nur unter Beschränkungen anbringen darf. Das Widerspruchsrecht, das hienach jedem Mitberechtigten zusteht, gilt aber nicht ausnahmslos. Das nachbarliche Gemeinschaftsverhältnis zwingt zu gegenseitiger Rücksichtnahme. Alle nachbarrechtlichen Vorschriften geben keine starre Norm, sondern sind je nach den Fortschritten der Technik und des Verkehrs wie auch nach der Denkweise der Beteiligten dem Wandel unterworfen. Der Rechtsauffassung des Volkes entspricht es aber nicht mehr, daß ein Nachbar ohne triftigen Grund dem anderen den Weg zu notwendiger besserer Belichtung seines Arbeitsplatzes verlegt. Das Landgericht hatte lediglich geprüft, ob der Beklagte ein Interesse an der Fernhaltung störenden Einblicks in die Wohn- und Schlafräume seines Hauses habe, und hatte ein solches Interesse ohne weiteres anerkannt. Es lag aber die Erwägung nahe, ob diesem Interesse nicht durch Verwendung undurchsichtigen Glases genügt werden konnte; auf eine solche Beschränkung hätte auch ohne dahingehenden Antrag erkannt werden können. Anderseits hätte aber auch geprüft werden sollen, ob dem Lichtbedarf des Klägers nicht auf andere Weise abgeholfen werden **konnte**. Die versäumte Prüfung war durch das Berufungsgericht nachzuholen mit dem Ziel der Feststellung, ob der Beklagte der Anbringung des Fensters widersprechen durfte, ohne die dem Kläger geschuldete nachbarliche Rücksicht zu verletzen. Daß der Kläger bei der Verfolgung des beanspruchten Rechts seinerseits dem Beklagten keine geringere Rücksicht schuldete, als er von diesem erwartete, erklärte das Reichsgericht für selbstverständlich. (V, 7. Dezember 1939.) Amtl. Sammlg. S. 209—217.

Vgl. Bd. 50 S. 319; Bd. 53 S. 307; Bd. 63 S. 6; Bd. 70 S. 200.

36. **Bereicherungsklage. Gläubigeranfechtung. Ausschlußfrist.** (BGB. § 812; AnfG. §§ 3, 12.) Im Januar 1929 wurden auf Grund einer Pfändung der Reichsfinanzverwaltung verschiedene Sachen versteigert, welche der Geschäftsführer der Steuerschuldnerin seiner späteren Ehefrau zur Sicherung von Forderungen übereignet hatte. Der Klage der Eigentümerin auf Schadenersatz wurde der Einwand entgegengesetzt, daß zur Zeit der Versteigerung der Erwerb des Eigentums anfechtbar gewesen wäre und daß die Klägerin demgemäß die Vollstreckung habe dulden müssen. Die Klägerin erwiderte, daß für die Anfechtung gemäß § 3 Nr. 1 AnfG. die zehnjährige Ausschlußfrist verstrichen sei und daß demgemäß der Einwand der Anfechtbarkeit des Erwerbs nicht mehr geltend gemacht werden könne. Diese Frage konnte aber nur danach beurteilt werden, ob im Augenblick der Versteigerung der streitigen Gegenstände ein Sachverhalt vorlag, der die Klägerin, wenn sie damals mit ihren Rechten hervorgetreten wäre, gezwungen hätte, die gepfändeten Sachen zurückzugewähren, sie also weiterhin dem Zugriff des Gläubigers bereitzuhalten. Es handelte sich nicht um eine Anfechtung im Sinne des Anfechtungsgesetzes, die nur durch Klage geltend gemacht werden könnte, sondern um eine nach anderen rechtlichen Gesichtspunkten zu beurteilende Erschütterung der Annahme, daß eine rechtlose Bereicherung des Vollstreckungsgläubigers vorliege. Wird dieser Nachweis geführt, so entfällt der Bereicherungsanspruch und die Klage ist ohne Rücksicht auf die gesetzliche Ausschlußfrist für die Anfechtung abzuweisen. (VII,

12. Dezember 1939.) Amtl. Sammlg. S. 218--222.

Vgl. Bd. 86 S. 96; Bd. 133 S. 46.

37. **Ehenichtigkeit. Geistesstörung. Feststellungsklage. Beweislast.** (BGB. §§ 104, 105, 1325, 1326, 1329; EheG. §§ 27, 28, 87; ZPO. §§ 256, 286.) Auf eine von der Frau erhobene Scheidungsklage wurde die Ehe aus Verschulden des Ehemanns geschieden. Dieser war im Rechtsstreit nicht vertreten gewesen. Das Urteil wurde ihm am 1. Juni 1935 persönlich zugestellt. Am 3. Juni verzichtete er auf die Einlegung eines Rechtsmittels. Am 15. Juni schloß er eine neue Ehe. Am 28. Juli nahm er sich das Leben. Seine erste Ehefrau behauptete, er sei bei der Zustellung des Scheidungsurteils und beim Verzicht auf ein Rechtsmittel geistig gestört und darum nicht handlungsfähig gewesen; die erste Ehe sei also nicht rechtskräftig geschieden. Sie klagte gegen die zweite Ehefrau auf Feststellung, daß diese Ehe nichtig sei. Das Berufungsgericht wies die Klage ab. Das Reichsgericht verwies die Sache zurück. Die Klage war zulässig. Nach dem vor dem Inkrafttreten des Ehegesetzes (1. August 1938) maßgebendem Rechtszustande konnte die Nichtigkeit einer noch bestehenden Ehe nur durch Klage, dagegen die Nichtigkeit einer schon aufgelösten Ehe in jeder Weise geltend gemacht werden. Der Klägerin stand für die erbetene Feststellung auch ein rechtliches Interesse zur Seite, da sie im Falle des Bestehens ihrer Ehe zur Zeit des Todes des Ehemannes ein gesetzliches Erbrecht besaß. Für die Entscheidung kam es darauf an, ob der verstorbene Ehemann der Klägerin zur Zeit des Verzichts sich in einem die freie Willensbestimmung ausschließenden Zustande krankhafter Störung der Geistestätigkeit befand. Ob dieser Zustand auch zur Zeit der Zustellung des Urteils gegeben war, machte nichts aus; auch wenn der Ehemann damals nicht prozeßfähig war, die Zustellung also nicht an ihn hätte erfolgen dürfen, wurde durch sie doch die Rechtsmittelfrist in Lauf gesetzt. Das Berufungsgericht hatte, nachdem die vor dem Landgericht vernommenen Sachverständigen sich für das Vorliegen einer geistigen Störung ausgesprochen hatten, ein Obergutachten des Gutachterausschusses des Sächsischen Ministeriums des Innern eingefordert und auf Grund dieses Obergutachtens den Rechtsmittelverzicht als wirksam angesehen. Das Reichs-

gericht erklärte, daß aus den Gründen des Urteils nicht entnommen werden könne, ob das Berufungsgericht das Gutachten einer selbständigen, eigenverantwortlichen Prüfung unterzogen habe und aus welchem Grunde es dazu gekommen war, dieses Gutachten allein entscheidend sein zu lassen, den Gutachten der vor dem Landgericht vernommenen Ärzte und einem weiteren von der Klägerin beigebrachten Privatgutachten dagegen die Überzeugungskraft abzusprechen. Einer eingehenderen Stellungnahme hätte es im vorliegenden Falle vor allem aus dem Grunde bedurft, weil dem Gutachterausschuß eine eigene Kenntnis der Persönlichkeit des Verstorbenen abging, während die vom Landgericht vernommenen Ärzte sich auf ärztliche Behandlung des Verstorbenen stützen konnten. Es hätte demgemäß geprüft werden müssen, ob das Obergutachten ausreichte, die übrigen Gutachten zu erschüttern und zu widerlegen. Zweifel bestand auch, ob der Begriff eines die freie Willensbestimmung ausschließenden Zustandes krankhafter Störung der Geistestätigkeit vom Berufungsgericht zutreffend erfaßt worden war. Er ist weiter als der der Geisteskrankheit, denn er umfaßt auch die Fälle der Geistesschwäche, also einer dem Grade nach geringeren geistigen Erkrankung; gegenüber einem Dauerzustande ist anderseits die nur vorübergehende Störung der Geistestätigkeit der leichtere Mangel. Als geschäftsunfähig nach § 104 Nr. 2 BGB. ist anzusehen, wer in seinen Erwägungen und Willensentschlüssen nicht mehr durch eine der allgemeinen Verkehrsauffassung entsprechende Würdigung der Außendinge und Lebensverhältnisse, sondern durch krankhaftes Empfinden, krankhafte Vorstellungen und Gedanken oder durch Einflüsse anderer Personen dauernd derart beeinflußt wird, daß er tatsächlich nicht mehr frei ist. Darüber, ob das der Fall ist, hat der Richter nach den Erfahrungen des Lebens und der Wissenschaft in freier Würdigung des gesamten Tatsachenstoffes zu befinden, wobei ihm Gutachten Sachverständiger eine wesentliche Stütze sein werden, ohne daß er aber an das Ergebnis der Gutachten gebunden wäre; er ist nicht gehindert, nach Maßgabe seiner richterlichen Überzeugung zu den Gutachten in Gegensatz zu treten. In der Rechtsprechung ist auch die Möglichkeit einer auf ein bestimmtes Gebiet oder einen bestimmten Lebensbereich beschränkten Geschäftsunfähigkeit anerkannt. Es hätte besonderer Erörterung bedurft, ob der Verstorbene, mochte er auch ein durchaus hochwertiger, im Leben zu guten Leistungen befähigter Mann gewesen sein, infolge einer krankhaften Störung des Willens-, Gefühls- oder Trieblebens jedenfalls in den Dingen, die mit der Lösung seiner bisherigen und der Eingehung einer neuen Ehe zusammenhingen, als willensunfrei anzusehen war. Daß er sich zeitweise in einem krankhaften Zustande befand, hatte auch das Berufungsgericht angenommen, aber keinen vollen Beweis dafür als erbracht angesehen, daß dies im Zeitpunkt der Erklärung des Verzichts auf das Rechtsmittel zutraf. Damit waren zu hohe Anforderungen an die Führung des Beweises im Rechtsstreit gestellt. Eine jeden Zweifel oder jede Möglichkeit des Gegenteils ausschließende Gewißheit ist auf diesem Wege niemals zu erlangen. Der Richter muß sich vielmehr mit einem so hohen Grad von Wahrscheinlichkeit begnügen, wie er bei möglichst erschöpfender und gewissenhafter Anwendung der vorhandenen Mittel und Kenntnisse entsteht. Ein solcher, für das praktische Leben allein brauchbarer Grad von Wahrscheinlichkeit gilt als Wahrheit, und das Bewußtsein des Richters von dem Vorliegen einer ermittelten hohen Wahrscheinlichkeit gilt als die Überzeugung von der Wahrheit. Das Berufungsgericht mußte davon ausgehen, daß der seelische Zwiespalt, in den der verstorbene Ehemann geraten war, dem Höhepunkt sich näherte, als von ihm ein endgültiger, sein ferneres Leben bestimmender Entschluß verlangt wurde; es mußte dann alle vorhandenen Erkenntnismittel, insbesondere die Aussagen von Zeugen, die um jene Zeit in Berührung mit ihm gekommen waren, sorgfältig auswerten und selbständig prüfen, ob das hienach sich ergebende Bild jenes eines Mannes war, der seinen Willen durch vernünftige Erwägungen frei bestimmen konnte. Wenn eine krankhafte Willensunfreiheit im allgemeinen vorlag, bedurfte es nicht noch des Nachweises der Geschäftsunfähigkeit für die Abgabe des Rechtsmittelverzichts. (IV, 15. Dezember 1939.)

Amtl. Sammlg. S. 223—230.

Vgl. Bd. 74 S. 111; Bd. 102 S. 316; Bd. 103 S. 400; Bd. 130 S. 70; RGSt. Bd. 61 S. 206; JW. 1900 S. 202; 1905 S. 167; 1936 S. 1205; 1937 S. 35; 1938 S. 1590.

38. **Strafverfügung. Amtspflichtverletzung. Schadenersatz. Rechtsweg.** (PreisbildG. §§ 4, 6; Anordnung über Preisbildung vom 12. Dezember 1936; BGB. § 839; WeimVerf. Art. 131; GVG. § 13.) Ein Gärtner stellte auf dem Wochenmarkt an einen Rechtsanwalt die Frage, ob er seine Erdbeeren zum Kleinhandelspreise (der höher war als der Erzeugerpreis) abgeben dürfe. Er bejahte die Frage. Durch Verfügung der zuständigen Preisüberwachungsstelle wurde gegen ihn eine Ordnungsstrafe von 500 *RM* wegen Preistreiberei festgesetzt. Er erhob gegen das Deutsche Reich Klage auf Schadenersatz mit der Begründung, daß die zuständigen Beamten bei der Entscheidung ihre Amtspflicht vorsätzlich oder fahrlässig verletzt hätten. Das Landgericht sah den Rechtsweg als unzulässig an und wies die Klage ab. Das Berufungsgericht verwies die Sache an das Landgericht zurück. Das Reichsgericht stellte das Urteil des Landgerichts wieder her. Verwaltungsakte können in ihrem Rechtsbestande grundsätzlich nicht im Rechtsweg angegriffen werden. Die Strafverfügung war ein solcher Verwaltungsakt. Die Schadenersatzklage aus einer bei dem Erlaß der Verfügung begangenen Amtspflichtverletzung war dadurch nicht gehindert, daß der Rechtsweg für die Nachprüfung der Rechtswirksamkeit der Verfügung selbst verschlossen ist; durch eine solche Klage wird der Bestand der Verwaltungshandlung nicht angegriffen. Nach § 6 des Gesetzes zur Durchführung des Vierjahresplans vom 29. Oktober 1936 sind allerdings die auf Grund des Gesetzes ergangenen Anordnungen für Verwaltungsbehörden und Gerichte bindend und wird für einen Schaden, der durch eine solche Anordnung entsteht, keine Entschädigung gewährt. Die Strafverfügung war aber keine Anordnung im Sinne des Gesetzes, folgte vielmehr erst der Zuwiderhandlung gegen eine solche Anordnung nach; unter der abgelehnten Entschädigung war auch kein Schadenersatz für eine rechtswidrige Amtshandlung verstanden, sondern nur eine Nachteilsausgleichung, ähnlich wie bei der Enteignung, für eine im Gesetz begründete Amtshandlung. Der dem Rechtsweg entzogene Verwaltungsakt kann aber nicht dadurch vor die Gerichte gebracht werden, daß seine Bemängelung äußerlich in das Gewand einer Schadenersatzklage gekleidet wird. Ob es sich um einen solchen

Versuch handelt, ist nach der Klagebegründung zu beurteilen. Das tatsächliche Vorbringen der Klage ist dabei als richtig zu unterstellen; die vom Klägner geäußerte Rechtsansicht ist unerheblich. Das Berufungsgericht hatte die Zulässigkeit des Rechtswegs schon aus der äußerlichen Gestaltung der Klage als einer Schadenersatzklage bejaht und die behaupteten Tatsachen nur darauf geprüft, ob sie eine Klage sachlich begründen konnten; es wäre aber zu prüfen gewesen, ob die Klagebehauptungen, ihre Richtigkeit angenommen, überhaupt geeignet waren, in sich schlüssig ein Handeln oder Unterlassen bestimmter Beamter aufzuzeigen, das einen vorsätzlichen oder fahrlässigen Amtsmißbrauch darstellte. Die Strafverfügung war nicht als ein Urteil anzusehen, da ihr kein den Prozeßordnungen angenähertes Verfahren vorausging; sie war auch keine Ermessensentscheidung, sondern die normgemäße Anwendung des Gesetzes auf den gegebenen Tatbestand. Eine falsche rechtliche Beurteilung des Tatbestandes ist dann schuldhaft, wenn sie offenbar willkürlich ist, also eine Rechtsbeugung enthält, oder wenn dabei die gebotene Sorgfalt in der Rechtsanwendung außer acht gelassen worden ist. Für die Tatbestandsermittlung hatte der Kläger keine Tatsachen angegeben, die schlüssig hätten ergeben können, inwiefern diese Ermittlung und die daraufhin getroffenen Feststellungen unzulänglich gewesen wären; ebensowenig waren schlüssige Tatsachen dafür vorgebracht, daß die Bestrafung des Klägers in fahrlässiger Verkennung der gesetzlichen Vorschriften oder gar willkürlich verfügt worden wäre. Auch wenn die Anordnung, durch die den Erzeugern der Verkauf ihrer Waren auf dem Wochenmarkt zu Kleinhandelspreisen verboten wurde, unrichtig war, kam doch in Frage, ob sie nicht zunächst bindende Kraft für die Erzeuger hatte, so daß der Kläger diese nicht zum Ungehorsam dagegen auffordern durfte. Daraus, daß die Anordnung später aufgehoben wurde, ergab sich noch nicht, daß die Behörden den zur Zeit der Verfügung gegebenen Rechtszustand schuldhaft verkannt hätten, erst recht aber nicht, daß die Bestrafung des Klägers wegen der Aufforderung zum Ungehorsam gegen die bestehenden Anordnungen pflichtwidrig geschehen sein mußte. Die Klage war ein Versuch, die Beurteilung der Strafverfügung durch die Gerichte auf dem

Umweg über rückschauend aufgestellte Vermutungen zu erreichen. Dafür steht der Rechtsweg nicht offen. (III, 24. November 1939.) Amtl. Sammlg. S. 230—238. Vgl. Bd. 97 S. 179; Bd. 116 S. 90; Bd. 129 S. 287; Bd. 138 S. 6; Bd. 140 S. 84; Bd. 144 S. 253; Bd. 150 S. 174; Bd. 157 S. 197; Bd. 159 S. 247; JW. 1928 S. 2534.

39. **Haftpflichtversicherung. Versicherungsfall. Verschärfter Verzug.** (VersVertrG. §§ 39, 42.) Ein Rechtsanwalt war gegen Haftpflicht versichert. Den am 1. Mai 1934 fälligen Beitrag zahlte er nicht. Mit eingeschriebenem Brief vom 11. Juni 1934 setzte ihm die Versicherungsgesellschaft eine Zahlungsfrist von zwei Wochen und wies ihn darauf hin, daß sie nach fruchtlosem Ablauf der Frist von der Verpflichtung zur Leistung frei werde. Am 27. September 1934 mahnte sie ihn neuerdings mit dem Beifügen, daß bis zur Begleichung des rückständigen Beitrags ihre Entschädigungspflicht ruhe. Am 18. oder 19. Oktober 1934 wurde der Beitrag bezahlt. Am 3. Oktober hatte der Rechtsanwalt in einer ihm übertragenen Sache eine Berufungsbegründung eingereicht, den Schriftsatz aber nicht unterzeichnet. Das führte dazu, daß die Berufung verworfen wurde. Der Rechtsanwalt wurde zum Schadenersatz verurteilt. Die Versicherungsgesellschaft lehnte den Versicherungsschutz ab. Die Klage des Rechtsanwalts wurde in zwei Rechtszügen abgewiesen. Das Reichsgericht verwies die Sache zurück. Nach den allgemeinen Versicherungsbedingungen der beklagten Gesellschaft wurde diese von der Verpflichtung zur Leistung frei, wenn sie bei Nichtzahlung eines Beitrags durch eingeschriebenen Brief zur Zahlung binnen zwei Wochen aufgefordert hatte und der Verstoß nach dem Ablauf dieser Frist während der Fortdauer des Verzugs des Versicherten eintrat. Diese Fassung weicht von jener des § 39 Vers.-VertrG. insofern ab, als für den Zeitpunkt des verschärften Verzugs nicht auf den Versicherungsfall, die Inanspruchnahme des Versicherungsnehmers durch den geschädigten Dritten, sondern auf den Verstoß, das Schadensereignis abgestellt wird. Nach § 42 VersVertrG. kann sich aber der Versicherer auf eine Vereinbarung, durch welche von den Vorschriften der §§ 37—41 zum Nachteil des Versicherungsnehmers abgewichen wird, nicht

berufen. Nach ständiger Rechtsprechung des Reichsgerichts ist als Eintritt des Versicherungsfalls nicht schon die Tatsache, für welche der Versicherungsnehmer auf Grund seiner Haftpflicht in Anspurch genommen wird (Schadensereignis, Verstoß) anzusehen, sondern erst die Erhebung des Anspruchs durch den geschädigten Dritten. Zu der Zeit, da der Kläger in Anspruch genommen wurde, hatte er aber den rückständigen Beitrag längst bezahlt. Im Zeitpunkt der Zahlung hatte der Kläger mit der Möglichkeit, daß er wegen des ihm bei der Einreichung der Berufungsbegründung unterlaufenen Fehlers in Anspruch genommen werden könne, nicht gerechnet; die beklagte Versicherungsgesellschaft hatte auch die Zahlung entgegengenommen, ohne einen Vorbehalt zu machen oder an dem Versicherungsverhältnis etwas zu ändern. In einer früheren Entscheidung hat das Reichsgericht ausgesprochen, daß dem in verschärftem Verzug befindlichen Versicherungsnehmer trotz Zahlung des rückständigen Beitrags vor Eintritt des Versicherungsfalls der Versicherungsschutz nach Treu und Glauben zu versagen sei, wenn er im Zeitpunkt der Zahlung schon von dem Schadensereignis Kenntnis hatte und die Geltendmachung von Ersatzansprüchen erwartete. So lag hier die Sache nicht. (VIII, 19. Dezember 1939.) Amtl. Sammlg. S. 238—243. Vgl. Bd. 114 S. 117; Bd. 136 S. 370; Bd. 144 S. 163; Bd. 150 S. 148; Bd. 156 S. 378.

40. Rückversicherung. Konkursvorrecht. Kontokorrent. Überschußfeststellung. Umschaffung (Novation). Rechtsschöpfung. Entsprechende Anwendung. (HGB. § 356; Vers.-AufsG. § 80.) Eine Versicherungsgesellschaft hatte bei einer anderen Rückversicherung genommen. Für die gegenseitigen Ansprüche war ein Laufrechnungsverhältnis (Kontokorrent) vereinbart worden. Über das Vermögen der zweiten Gesellschaft wurde der Konkurs eröffnet. Das Laufrechnungsverhältnis war schon vorher aufgelöst worden; zur Zeit der Konkurseröffnung bestand aus ihm zugunsten der ersten Gesellschaft ein Forderungsüberschuß von rund 104 000 *RM*. Sie meldete ihn zum Konkurs an und beanspruchte dafür das für Schadensforderungen aus Versicherungsverhältnissen geltende Vorrecht. Der Konkursverwalter erkannte die Forderung an, bestritt aber das Vorrecht mit der Begründung, daß die ursprüngliche

Schadensforderung durch die Feststellung des Überschusses in der laufenden Rechnung ihre bisherige Eigenart und damit das ihr anhaftende Konkursrecht verloren hätte. Die Klage drang in allen Rechtszügen durch. Die Vereinbarung eines Laufrechnungsverhältnisses hat zur Folge, daß die einzelnen Leistungen mit der Eintragung in die laufende Rechnung und der Überschußfeststellung durch Verrechnung im Gesamtergebnis als Einzelforderungen untergehen. Mit der Eröffnung des Konkurses über das Vermögen des Kontokorrentschuldners erlischt die laufende Rechnung, wenn sie nicht schon vorher aufgehoben worden ist. Die Überschußforderung ist Konkursforderung, und zwar als eine neue, auf einem selbständigen Verpflichtungsgrunde beruhende, vom früheren Schuldgrunde losgelöste (abstrakte) Forderung. Kraft besonderer Vorschrift (§ 356 BGB.) bleiben aber Sicherungen, die für die erloschenen Einzelforderungen begründet worden sind (Pfandrechte, Zurückbehaltungsrechte, Sicherungsübereignungen, Bürgschaften) bestehen, soweit das Guthaben des Gläubigers aus der laufenden Rechnung und die Forderung sich decken. Entgegen einer weitverbreiteten Meinung entschied das Reichsgericht, daß aus Gründen der Rechtsähnlichkeit das auch für das Konkursvorrecht des Versicherungsnehmers gilt. Mag auch die Ausnahmenatur eines Gesetzes eine ausdehnende Auslegung über die Grundlage seines Wortlautes hinaus ausschließen, so führt doch möglicherweise die entsprechende Anwendung einer Vorschrift dazu, daß diese, wenn sie auch nur für einen bestimmten Tatbestand aufgestellt ist, doch auf einen anderen Tatbestand, sofern er in den wesentlichen Beziehungen mit jenem übereinstimmt, ihm also rechtsähnlich ist, angewendet werden kann und beim Vorliegen aller Voraussetzungen auch angewendet werden muß. Mehr und mehr ist die Aufgabe des Richters anerkannt worden, als rechtschöpfendes Organ des Staates neben den geschriebenen Rechtssatz für einen rechtsähnlichen Tatbestand einen entsprechenden ungeschriebenen Rechtssatz zu setzen, dessen Anwendbarkeit als dem Geiste des Gesetzes entsprechend und in ihm enthalten geboten ist und mindestens dann unbedenklich anerkannt werden muß, wenn es gilt, aufbauwidrige Lücken oder Unvollkommenheiten der gesetzlichen Regelung zu schließen oder zu umgehen. Dasselbe muß gelten, wenn es sich um einen Tatbestand handelt, den der Gesetzgeber bei Erlaß des Gesetzes nicht berücksichtigen konnte oder tatsächlich nicht berücksichtigt hat, etwa weil er außerhalb seines Gesichtskreises lag. Da im vorliegenden Falle die Habenposten der Klägerin sich zum größeren Teil aus Schadensforderungen zusammensetzten und der Überschuß zu ihren Gunsten den Gesamtbetrag dieser Schadensforderungen nicht überstieg, rechtfertigte es sich, trotz der grundsätzlichen Umschaffungswirkung der Überschußfeststellung aus praktischen, wirtschaftlichen Gründen der Forderung der Klägerin das von ihr beanspruchte Konkursvorrecht zuzubilligen. Der Umschaffungsgedanke ist nur ein Hilfsmittel, um gewisse rechtliche Eigentümlichkeiten des Kontokorrents begrifflich zurechtzulegen; die Annahme des Untergangs der Forderung beruht nicht sowohl auf sachlichen Erwägungen als auf juristischer Konstruktion. Die Bedürfnisse des Lebens und des Verkehrs müssen den Ausschlag geben für eine vernunftgemäße Abschwächung dieses Gedankens. Die in die laufende Rechnung aufgenommenen Forderungen haben als noch fortbestehend zu gelten, soweit ein anzuerkennendes wirtschaftliches Interesse des Gläubigers an ihrem Fortleben bestehen kann. In keinem Fall ist ein stillschweigender Verzicht des Gläubigers auf die im Stillen fortlebende Einzelforderung zu vermuten, mag ihm auch ein durch die Abrechnung neu begründetes, selbständiges Forderungsrecht zur Seite stehen; er kann auf seine ursprüngliche Forderung zurückgreifen, soweit das seine wirtschaftlich zu billigenden Belange gebieten. Das Konkursrecht ist zwar keine dingliche Sicherung, kommt aber einer solchen nahezu gleich; es bietet auch ohne Begründung eines Absonderungsrechts dem bevorrechtigten Gläubiger die Sicherheit, vor anderen Gläubigern aus der Masse befriedigt zu werden. Kein vernünftiger Gläubiger wird sich auf ein Laufrechnungsverhältnis einlassen, wenn er gewärtigen muß, im Falle des Konkurses seines Schuldners eine solche Vorzugsstellung einzubüßen. Was dem Volke frommt und auch einleuchtet, ist eine lebensnahe und blutvolle Rechtsanwendung, möglichst frei von juristischen Konstruktionen, aber unter völliger Berücksichtigung und Wahrung der Grundgedanken des Gesetzgebers, wie sie im Gesetz selbst zum Ausdruck gebracht sind. Im Rahmen des ebenmäßigen Aufbaus des Rechts als eines einheitlichen Ganzen gilt es, den in den Einzelvorschriften, wenn auch nicht immer deutlich erkennbar, ausgedrückten allgemeinen Rechtsgedanken zu erforschen und zu erfassen und ihm die Rechtsanwendung unter Wahrung aller berechtigten Belange und unter Beachtung gesunden Volksempfindens anzupassen. Bei solcher Betrachtung steht nichts im Wege, den Gläubigern im Anschluß an die gesetzliche Regelung einen möglichst umfassenden Schutz gegen die frühere überspitzte Durchführung des Umschaffungsgrundsatzes zu gewähren und die Vergünstigung des § 356 HGB. sinngemäß auch den mit einer besonderen Kraft ausgestatteten Vorrechtsforderungen des § 80 VersAufsG. zuteil werden zu lassen. Ein erkennbarer Wille des Gesetzgebers läßt sich einer solchen Rechtsanwendung nicht entgegenhalten. (VII, 22. Dezember 1939.) Amtl. Sammlg. S. 244—256. Vgl. Bd. 76 S. 330; Bd. 87 S. 284, 371, 434; Bd. 103 S. 166; Bd. 125 S. 411; Bd. 141 S. 57; Bd. 147 S. 69; Bd. 149 S. 19; Bd. 153 S. 184; Bd. 155 S. 138; Bd. 160 S. 166.

41. **Gemeindlicher Kündigungsbeamter. Ruhegehalt.** (1. VOzRBürgG. § 4; PrKommBeamtG. §§ 2, 8, 9, 13; PrStaatsPensG. § 2.) In einer preußischen Stadt wurde ein Jude als nichtplanmäßiger Stadtassistent zur Vorbereitung auf Kündigung angestellt. In der Anstellungsurkunde war gesagt, daß mit der Anstellung ein Anspruch auf Ruhegehalt nicht verbunden sei und daß im übrigen das Kommunalbeamtengesetz sowie die Ortsgesetze, Gemeindebeschlüsse und sonstige Dienstvorschriften der Stadt maßgebend seien. Am 5. Dezember 1935 teilte ihm die Stadt mit, daß er auf Grund des Reichsbürgergesetzes und der ersten Ausführungsverordnung dazu mit Ablauf des 31. Dezember 1935 kraft Gesetzes in den Ruhestand trete, aber vom 1. Januar 1936 bis zur Erreichung der Altersgrenze als Ruhegehalt das volle ruhegehaltsfähige Diensteinkommen erhalte. Diese Zusage wurde am 9. Januar 1936 widerrufen; es wurde nur noch ein jederzeit widerruflicher Unterhaltszuschuß gewährt. Die Klage auf Zahlung des vollen Ruhegehalts wurde in zwei Rechtszügen abgewiesen. Das Reichsgericht gab ihr statt. Infolge der ausgehändigten Anstellungsurkunde war der

Kläger Beamter der Stadt geworden. Das Ausscheiden aus seiner Stellung beruhte nicht auf einer Kündigung, trat vielmehr kraft Gesetzes ein, und zwar in der Form der Versetzung in den Ruhestand. Der Kläger konnte also ein Ruhegehalt verlangen, wenn er überhaupt ruhegehaltsberechtigt war und die zeitlichen Bedingungen für die Entstehung des Ruhegehaltsanspruchs erfüllt hatte. Die Ruhegehaltsberechtigung hing davon ab, ob er lebenslänglich angestellt gewesen war. Das Berufungsgericht hatte ihn als Kündigungsbeamten angesehen und diese Auffassung auf ein Ortsgesetz der Stadt gestützt. Da dieses nicht revisibel war, konnte seine Auslegung vom Revisionsgericht nur dahin nachgeprüft werden, ob es mit dem Preußischen Kommunalbeamtengesetz im Einklang stand. Nach diesem sind die Gemeindebeamten lebenslänglich anzustellen; Ausnahmen können nur durch Ortsgesetz oder im Einzelfall mit Genehmigung der Aufsichtsbehörde festgesetzt werden. Der Unterschied liegt darin, daß im Ortsgesetz allgemeine Grundsätze für bestimmte Beamtengruppen oder bestimmte Beamtenstellen aufgestellt werden, wieweit von der lebenslänglichen Anstellung abgewichen werden kann; soweit das ausnahmsweise für einzelne Beamte geschehen soll, ist dafür die Genehmigung der Aufsichtsbehörde notwendig. Nach dem Ortsgesetz waren die nichtplanmäßigen Beamten allgemein kündbar. Da nach der Anstellungsurkunde der Kläger nichtplanmäßiger Beamter war, mußte er als Kündigungsbeamter angesehen werden. Die Frage, wie es mit der Ruhegehaltsberechtigung der kündbaren Gemeindebeamten steht, hatte das Berufungsgericht unter Heranziehung der für die Staatsbeamten im Staatspensionsgesetz aufgestellten Grundsätze dahin entschieden, daß diese Berechtigung von der Bekleidung einer Planstelle abhänge, wobei unter Planstelle eine im Haushaltsplan der Gemeinde vorgesehene Stelle verstanden wurde, die dauernd erforderlich war. Diese Voraussetzung fand das Berufungsgericht schon deshalb nicht erfüllt, weil der Kläger verschiedene Stellen bekleidet hatte. Das Reichsgericht entschied, daß die mehrfache Versetzung des Klägers in verschiedene Stellen nichts gegen die dauernde Notwendigkeit dieser Stellen ergebe; es trat aber der Auffassung des Berufungsgerichts grundsätzlich entgegen. Zu der Zeit des Erlasses des Kommunalbeamtengesetzes war in den Gemeinden der Unterschied zwischen planmäßigen und nichtplanmäßigen Stellen noch nicht üblich. Das Gesetz bezweckte, die Verhältnisse der Gemeindebeamten, auch der Kündigungsbeamten, zu sichern und diesen durch die Verleihung von Ruhegehaltsrechten ein größeres Maß wirtschaftlicher Unabhängigkeit zu verschaffen. Es wäre nicht verständlich, daß ihre Ruhegehaltsrechte — wie bei den Staatsbeamten — an haushaltsmäßig bestimmte Voraussetzungen hätten geknüpft werden sollen, obwohl es dafür gerade an der gesicherten Grundlage fehlte, auf der die Regelung für die Staatsbeamten aufgebaut war. Von einer Ruhegehaltsregelung kann erwartet werden, daß sie eine klare und sinnvolle Ordnung enthält. Der Umstand, der bei staatlichen Kündigungsbeamten ohne weiteres zu einer Klärung der Frage ihrer Ruhegehaltsberechtigung führt, fehlte damals bei Gemeindekündigungsbeamten oder wäre bei ihnen nur dort vorhanden gewesen, wo der gemeindliche Haushalt so wie der staatliche ausgestaltet war. Der Kläger hatte also auch als Kündigungsbeamter Anspruch auf Ruhegehalt. Darüber, daß er die zeitlichen Voraussetzungen für diesen Anspruch erfüllt hatte, bestand kein Streit. (III, 8. Dezember 1939.)

Amtl. Sammlg. S. 257—264.

Vgl. Bd. 87 S. 386; Bd. 114 S. 122; Bd. 146 S. 159; Bd. 158 S. 27.

42. **Kommanditgesellschaft. Haftung des Kommanditisten.** (ADHGB. Art. 165.) Nach der Satzung einer Kommanditgesellschaft im Sudetenlande war die Übertragung der Kommanditanteile mit Zustimmung der Generalverversammlung zulässig. Die Übertragung wurde in einem Fall in der Weise vollzogen, daß im Handelsregister eingetragen wurde, der bisherige Kommanditist sei ausgeschieden und an seiner Selle ein anderer eingetreten. Ein Gläubiger der Gesellschaft klagte gegen den bisherigen Kommanditisten auf Zahlung. Das Berufungsgericht gab der Klage statt. Die Revision des Beklagten blieb ohne Erfolg. Sie war damit begründet, daß die Kreditgrundlage der Gesellschaft unverändert geblieben sei, weshalb die Rechtsfolgen nicht eingetreten seien, die an das Ausscheiden eines Kommanditisten und die Rückzahlung seiner Einlage durch die Gesellschaft geknüpft sind. Die Gläu-

biger der Gesellschaft konnten sich aber auf die Eintragung im Handelsregister verlassen, wonach nicht der Übergang der Mitgliedsrechte des bisherigen Kommanditisten an einen Rechtsnachfolger, sondern die Löschung der Mitgliedschaft des Beklagten eingetragen war. Der von der Eintragung abweichende Wille der Beteiligten konnte für den Kläger nicht maßgebend sein, zumal auch nicht feststand, daß er ihn gekannt hatte. Die Löschung des Beklagten als Kommanditisten hätte allerdings dem Kläger noch keine Ansprüche gegen ihn gegeben; erst wenn er seine Einlage zurückerhielt, konnte er gegen ihn vorgehen. Festgestellt war, daß die Einlage des Beklagten auf seinem Kapitalkonto gelöscht wurde. Ob der Löschung eine Rückzahlung an ihn oder eine Gutschrift auf dem Konto der Gesellschaft oder eine Auszahlung an seinen Nachfolger oder eine Gutschrift für diesen zugrunde lag, war gleichgültig; durch jeden solchen Vorgang wurde die Einlage als solche von der Gesellschaft an den Beklagten zurückgewährt. Wenn der Betrag, der sich bei der Auseinandersetzung für den Beklagten ergab, geringer war als seine Einlage, hatte er nur hierauf Anspruch und haftete dann auch nur mit diesem Betrag. Ohne Belang war aber, welchen Betrag er von seinem Nachfolger für die Übertragung seiner Einlage erhalten hatte. (VIII, 12. Dezember 1939.)

Amtl. Sammlg. S. 264—269.

Vgl. Bd. 128 S. 172.

43. **Versicherung. Schiedsgericht. Anfechtung des Schiedsspruchs. Feststellungsklage.** (TschechoslG. vom 3. Juli 1934 über den Versicherungsvertrag §§ 11, 64, 66; TschechoslZPO. §§ 228, 577, 595.) Ein Gebäude, das zum Zwecke der Zwangsversteigerung in Beschlag genommen war, brannte nieder. Der Erwerber machte gegenüber der Versicherungsanstalt, bei der es gegen Brandschaden versichert war, Entschädigungsansprüche geltend; da eine Einigung nicht zustande kam, stellte er an die Versicherungsgesellschaft das Ersuchen, das in den Versicherungsbedingungen vorgesehene Schiedsgericht zu berufen. Diese lehnte das Ersuchen ab und bestellte im Einvernehmen mit dem bisherigen Eigentümer ein Schiedsgericht, das dann auch den Schadensbetrag festsetzte. Der Erwerber klagte gegen die Versicherungsgesellschaft mit dem Antrag, den Schiedsspruch für unwirksam zu er-

klären. In zwei Rechtszügen drang die Klage durch. Das Reichsgericht wies sie ab. Nach den Versicherungsbedingungen hatte das Schiedsgericht die Höhe der dem Versicherer obliegenden Leistung zu bestimmen, nicht aber sonstige Streitigkeiten aus dem Versicherungsvertrag zu entscheiden. Es war also kein Schiedsgericht im Sinne der Zivilprozeßordnung. Sein Spruch konnte gleichwohl mit einer Klage auf Unwirksamerklärung angefochten werden, weil nach dem Gesetz über den Versicherungsvertrag die Vorschriften der Zivilprozeßordnung auch auf ihn Anwendung finden. In dem Verfahren vor dem Schiedsgericht war aber der Kläger nicht Partei gewesen; es fehlte ihm also die Berechtigung, die Aufhebung des Schiedsspruchs zu verlangen. Auch wenn man die Klage als Feststellungsklage auffaßte und dem Kläger ein rechtliches Interesse zubilligte, alsbaldige Feststellung zu verlangen, daß der Schiedsspruch ihm gegenüber unwirksam sei, konnte ihm kein Erfolg beschieden sein. Der Kläger konnte trotz seines Erwerbs nicht behandelt werden, als ob er schon ursprünglich den Versicherungsvertrag abgeschlossen hätte; das ergibt sich schon aus der Vorschrift des § 64 VersVertrG., wonach er für die rückständigen Versicherungsbeträge nicht haftet. Es gehen auf ihn nur jene Rechte und Pflichten über, die aus der Zeit nach dem Erwerb stammen. Im vorliegenden Falle war aber der Brandschaden schon vor dem Erwerb eingetreten. Die Versicherungssumme fiel in die Versteigerungsmasse, stand also nicht dem Erwerber, sondern dem Versteigerungsschuldner zu. Aus der Tatsache, daß die Versicherungssumme zugunsten des Klägers gebunden und für ihn als ersten Hypothekgläubiger auch die Höhe des Schadens von Bedeutung war, ließ sich für seinen Anspruch nichts ableiten. (VIII, 14. Dezember 1939.)

Amtl. Sammlg. S. 269—273.

44. **Verkehrspolizei. Straßenzeichen. Amtspflichtverletzung.** (BGB. § 839; WeimVerf. Art. 131; Str.-VerkO. § 3; PrPolVerwG. § 14.) In einer preußischen Stadt wurde eine Straße durch Aufstellen eines Verbotsschildes zur Einbahnstraße gemacht. Das Schild war zuerst beweglich gewesen, dann aber auf Ersuchen des Polizeipräsidenten durch ein fest eingebautes ersetzt worden. Ein Motorradfahrer, der mit den Verkehrsverhältnissen

der Stadt unbekannt war, stieß während der Nacht gegen das Schild und verletzte sich. Er klagte gegen das Land Preußen auf Schadenersatz mit der Begründung, daß das Schild unrichtig aufgestellt worden sei und daß dafür der Polizeipräsident die Verantwortung trage. Das Berufungsgericht wies die Klage ab mit der Begründung, daß nicht die Art der Aufstellung des Zeichens, sondern seine nicht genügende Sichtbarmachung Ursache des Unfalls gewesen sei; diese falle aber ausschließlich in den Aufgabenkreis der wegebaupflichtigen Stadtverwaltung. Das Reichsgericht verwies die Sache zurück. Fest stand, daß mit der Aufstellung des Zeichens ein verkehrswidriger Zustand geschaffen worden war. Es ist allgemeine Pflicht der Polizei, das Vorhandensein eines solchen Zustandes nicht zu dulden. Wenn der Polizeipräsident den Zustand bestehen ließ, verletzte er damit die ihm allen Verkehrsteilnehmern obliegende Amtspflicht. Ob die Unterlassung im gegebenen Fall auf einem Verschulden beruhte, war noch zu prüfen. Allerdings ist nur die Anordnung der Aufstellung von Verkehrszeichen Sache der Polizei, die Beschaffung des Zeichens und seine Anbringung dagegen Sache des Wegebaupflichtigen; daraus ergibt sich aber keine Fürsorgepflicht der Träger der Straßenbaulast, daß die Wege mit den erforderlichen Verkehrszeichen versehen werden. Eine Verantwortung kann sie nur treffen, wenn es sich um Vorgänge handelt, die ausschließlich durch das rein Technische der Herstellung und Anbringung der Zeichen bedingt sind. Alles, was außerhalb dieses besonderen Bereiches liegt, fällt in das Aufgabengebiet der Verkehrspolizei. Ihre Pflicht ist es, dafür zu sorgen, daß die Verkehrssicherheit auf den öffentlichen Wegen durch zweckentsprechende Aufstellung der erforderlichen und richtigen Zeichen gewährleistet wird. Sie kann aber nicht erfüllt werden, ohne daß die Verkehrspolizei sich auch um den Platz und die Art der Aufstellung des einzelnen Zeichens kümmert. Wenn mit der Aufstellung des Zeichens eine Gefährdung des Verkehrs verbunden war, mußte die Polizeibehörde davon absehen oder mit ihrem Ersuchen an den Träger der Wegebaulast die entsprechenden Anordnungen verbinden. (III, 15. Dezember 1939.) Amtl. Sammlg. S. 273–279. Vgl. Bd. 138 S. 259; Bd. 154 S. 16; JW. 1939 S. 239.

45. Unfallrente. Abänderungsklage. (ZPO. § 323.) Ein Arbeiter erlitt einen Unfall, indem ihm beim Entladen eines Güterwagens der Reichsbahn die Tür des Wagens auf den Kopf fiel. Die Berufsgenossenschaft und die Reichsbahn zahlten ihm mehrere Jahre eine Rente, stellten dann aber die Zahlungen ein, weil nach neueren Gutachten der Arbeiter wieder voll erwerbsfähig war. Er klagte gegen die Reichsbahn auf Fortzahlung der Rente. Die Klage wurde abgewiesen. Das Urteil erlangte die Rechtskraft. Ein Jahr später wurde durch ein neues Gutachten festgestellt, daß volle Erwerbsfähigkeit nicht vorhanden war. Die Berufsgenossenschaft bewilligte neuerdings eine Rente; die Reichsbahn lehnte eine solche ab. Die gegen sie erhobene Klage drang durch. Nach dem Wortlaut des § 323 ZPO. ist allerdings eine Abänderung der Klage nur zulässig, wenn eine Verurteilung zu wiederkehrenden Leistungen vorhergegangen ist, nicht aber auch dann, wenn das frühere Urteil die Klage abgewiesen hat. Der Sinn der Vorschrift ist das aber nicht. Sie will Unbilligkeiten verhüten, die sich daraus ergeben könnten, daß bei Ansprüchen, die auf künftig fällig werdende wiederkehrende Leistungen gerichtet sind, durch die Rechtskraftwirkung ein unabänderlicher Zustand auf lange Dauer geschaffen würde, während sich die für die Bemessung der Leistungen maßgebend gewesenen Verhältnisse in einer beim Erlaß des Urteils nicht voraussehbaren Weise geändert haben. Eine solche Unbilligkeit würde sich aber in durchaus gleicher Weise bei einem klageabweisenden Urteil infolge einer nachträglichen Veränderung der für die Entscheidung maßgeblich gewesenen Verhältnisse ergeben können, nämlich dann, wenn die Haftpflicht als solche (wie hier, wo die beklagte Reichsbahn dem Kläger Jahre hindurch eine Rente gezahlt hatte) gar nicht zum Gegenstand des Streites geworden war, die Abweisung der Klage aber darauf beruhte, daß ein Schaden zur Zeit des Urteils nicht oder nicht mehr vorhanden sei. (IV, 20. Dezember 1939.) Amtl. Sammlg. S. 279—282.

Vgl. Bd. 108 S. 413.

46. Warenzeichen. Freizeichen. Fremdsprachliche Urkunden. Verwirkung. Verspätetes Vorbringen. (WZG. § 35; Pariser Unionsvertrag, Londoner Fassung vom 2. Juni 1934 Art. 6; ZPO. §§ 142, 529; GVG. § 184.)

Für eine amerikanische Firma war das Wortzeichen Crescent in die Zeichenrolle des deutschen Patentamts eingetragen, und zwar für Riemenverbindungen aller Art. Sie erhob Klage gegen eine deutsche Firma, die für dieselben Waren das Warenzeichen Cresto hatte eintragen lassen, auf Löschung dieses Zeichens und Schadenersatz. In allen Rechtszügen drang die Klage durch. Sowohl das Deutsche Reich als die Vereinigten Staaten von Amerika sind dem Pariser Unionsvertrag beigetreten. Nach diesem ist zur Erlangung des Markenschutzes für eine in einem Verbandsland eingetragene Marke in einem anderen Verbandslande der Nachweis der Eintragung im Ursprungsstaat erforderlich, aber auch genügend. Die beklagte Firma hatte hiegegen vorgebracht, daß schon zur Zeit der Eintragung des Zeichens der Klägerin in die deutsche Zeichenrolle diese in ihrem Heimatlande keinen Schutz genossen habe, da das Zeichen Crescent schon zu jener Zeit dort Freizeichen gewesen sei. Das Landgericht hatte es abgelehnt, hierauf einzugehen, da diese Frage vom Patentamt zur Zeit der Anmeldung habe geprüft werden müssen. Das Berufungsgericht hatte Beweis darüber erhoben, ob die Klägerin zur Zeit der Eintragung ihres Zeichens in die deutsche Zeichenrolle in ihrem Heimatlande Zeichenschutz genossen hatte; dagegen hatte es für belanglos erklärt, ob dieser Schutz später erloschen war, da ein Zeichen, solange es eingetragen sei, auch gesetzlichen Schutz genieße. Das Reichsgericht ließ die Frage offen, ob nach dem seit 1934 geltenden zwischenstaatlichen Zeichenrecht den Gerichten eine selbständige Prüfung der richtigen Eintragung zukommt, da für die Eintragung des Zeichens im Heimatlande der Klägerin zur Zeit der Anmeldung zur deutschen Zeichenrolle Beweis erbracht war; im übrigen trat es der Auffassung des Berufungsgerichts bei. Wenn ein Warenzeichen auf Grund der zwischenstaatlichen Verträge in die deutsche Zeichenrolle eingetragen wird, erlangt es dadurch selbständigen Schutz und ist unabhängig vom Schicksal des Zeichens im Ursprungslande. Die beklagte Firma hatte auch beanstandet, daß das Berufungsgericht fremdsprachliche Urkunden zur Beweisführung zugelassen habe; auf seinen Wunsch seien zwar nachträglich Übersetzungen vorgelegt worden, diese hätten aber nicht erkennen lassen, ob sie von einem vereidigten

Dolmetscher herrührten. Aus dem Urteil war nicht ersichtlich, daß das Gericht sich der Übersetzungen bedient hatte und daß es nicht ausreichend der englischen Sprache kundig gewesen wäre. Daß auch die beklagte Firma die englische Sprache genügend beherrschte, ergab sich daraus, daß sie ihre eigenen Warenpackungen zum Teil englisch beschriftete und dabei eine genaue Kenntnis der englischen Fachausdrücke dartat. Daß das Berufungsgericht befugt war, die als Beweismittel vorgebrachten Urkunden in englischer Sprache unmittelbar, ohne Übersetzung zu benutzen, steht nicht im Widerspruch damit, daß die Gerichtssprache die deutsche ist; § 142 ZPO. stellt es in das Ermessen des Gerichts, ob es anordnen will, daß von einer fremdsprachlichen Urkunde eine durch einen vereidigten Dolmetscher angefertigte Übersetzung beigebracht werde. In der letzten Verhandlung vor dem Berufungsgericht hatte die Beklagte auch behauptet, die Klägerin habe ihr Recht verwirkt. Das Berufungsgericht hatte diesen Einwand als verspätet zurückgewiesen. Das Reichsgericht erklärte das Vorgehen des Berufungsgerichts für unrichtig, weil es möglich gewesen wäre, über den Einwand sachlich, ohne Beweiserhebung, zu entscheiden, also die Berücksichtigung des Einwandes die Erledigung des Rechtsstreits nicht verzögert hätte. Die Ablehnung der Verwirkung wurde aber im Ergebnis gebilligt. Die Gründe hiefür sind nicht veröffentlicht. (II, 20. Dezember 1939.)

Amtl. Sammlg. S. 282—291.

Vgl. Bd. 9 S. 340; Bd. 80 S. 124; Bd. 82 S. 245; Bd. 100 S. 3; Bd. 101 S. 29; Bd. 110 S. 339; Bd. 146 S. 325.

47. **Aktiengesellschaft. Konkurs. Überschuldung. Vergütung. Anfechtung.** (KO. §§ 31, 37, 38.) Eine Aktiengesellschaft beschloß ihre Auflösung. Als Abwickler wurde ein Rechtsanwalt bestellt. Er richtete ein Rundschreiben an die Gläubiger, worin er ihnen einen Vergleichsvorschlag unterbreitete; ohne eine Antwort abzuwarten, beantragte er einen Tag später die Eröffnung des Konkurses wegen Überschuldung. Als Vergütung für seine Tätigkeit und als Ersatz für Auslagen entnahm er dem vorhandenen Barbestande einen Betrag von 12 500 *RM.* Ein Gläubiger focht diese Entnahme an und beantragte Verurteilung des Beklagten zur Rückgewähr. Das Berufungsgericht gab

der Klage statt. Das Reichsgericht verwies die Sache zurück. Das Berufungsgericht hatte angenommen, daß der Beklagte als Vertreter der Aktiengesellschaft die Entnahme in der ihm selbst (als dem anderen Teil) bekannten Absicht, die Gläubiger zu benachteiligen, vorgenommen habe (§ 31 Nr. 1 KO.). Der Beklagte hatte sich darauf berufen, daß einem Massebestande von rund 250000 *RM* nur 30000 *RM* festgestellte Forderungen gegenübergestanden hätten; bis zum Erlaß des Berufungsurteils habe kein Gläubiger, dessen Forderung bestritten worden sei, Feststellungsklage erhoben. Das Berufungsgericht hatte angenommen, daß demgegenüber der Kläger den Beweis der Überschuldung zu führen habe. Das erklärte das Reichsgericht für unrichtig. Nachdem der Konkurs wegen Überschuldung eröffnet worden war, hatte der Anfechtungsgegner (der Beklagte) den Nachweis der Massezulänglichkeit zu führen; darauf, daß er selbst die Eröffnung des Konkurses wegen Überschuldung beantragt hatte, kam es dabei nicht einmal an. Da der Beklagte einen solchen Beweis nicht einmal angetreten hatte, durfte das Berufungsgericht ohne Rechtsirrtum von dem Vorhandensein einer Benachteiligung der Konkursmasse ausgehen. Dagegen bestanden Bedenken gegen die Feststellung des Umfangs der Benachteiligung und gegen die Annahme der Benachteiligungsabsicht. Wenn auch die Leistungen des Beklagten nicht gleichwertig waren mit der von ihm vorgenommenen Masseminderung, war damit doch nicht gesagt, daß sie gar keinen Wert gehabt hätten und daß sich der Beklagte in seiner Doppeleigenschaft dessen auch bewußt gewesen wäre. Das durfte nicht danach beurteilt werden, ob die Tätigkeit des Beklagten, rückschauend gewürdigt, für die Konkursmasse einen bleibenden Wert hinterlassen hatte; vielmehr mußte es darauf abgestellt werden, ob und inwieweit die Vergütung als ordnungsmäßige und gleichwertige Gegenleistung anzusehen war für die Leistungen, die der Beklagte als Abwickler erbringen mußte und erbracht hatte. Wenn der Konkursverwalter keinen Anlaß zu einer Anfechtung gefunden hatte, mußten Gründe dargetan werden, aus denen die Entnahme des Beklagten als völlig gegenwertlose Masseminderung anzusehen war. Der Schwerpunkt der Absichtsanfechtung liegt in der Beurteilung des inneren Tatbestandes. Das

Bewußtsein des Schuldners von einem notwendig oder doch nach dem gewöhnlichen Verlauf der Dinge zu erwartenden Benachteiligungserfolge genügt nicht; die Absicht setzt vielmehr ein Wollen, nicht nur ein Wissen voraus. Für die neue Verhandlung bemerkte das Reichsgericht: Wenn das Berufungsgericht zu dem Ergebnis kam, daß der Wert der vom Beklagten entfalteten Tätigkeit nur einem Teil der von ihm vorgenommenen Masseminderung entsprach und für den übrigen Teil der Nachweis der Absicht der Schädigung der Gläubiger vorlag, war zwar eine Teilbarkeit der Bereicherungsabsicht abzulehnen; dagegen konnte eine Rückgewährpflicht des Beklagten nur für den Teil angenommen werden, für den kein Gegenwert geleistet worden war. (VII, 5. Januar 1940.) Amtl. Sammlg. S. 292—298.

Vgl. Bd. 162 S. 218.

48. **Ehescheidung. Unterhaltsvertrag.** (EheG. § 78; BGB. § 1990.) Nach der Scheidung einer Ehe sicherte der Ehemann der geschiedenen Frau eine monatliche Rente von 225 *RM* zu. Nachdem er gestorben war, klagte die Frau gegen seine spätere Frau und Erbin auf Fortzahlung der Rente. Das Berufungsgericht gab der Klage zum Teil statt, behielt aber der Beklagten die Beschränkung der Haftung auf den Nachlaß vor. Das Reichsgericht hob das Urteil auf, soweit es sich auf die Zeit vor dem Inkrafttreten des Ehegesetzes (1. August 1938) bezog. Der Unterhaltsverpflichtete kann auf eine Herabsetzung der Rente nach seinem Tode verzichten; das kann auch in der Weise geschehen, daß er der geschiedenen Frau eine Rente auf ihre Lebensdauer zusagt. Dafür, daß seine Verpflichtung im vorliegenden Falle so gemeint war, fehlte die genügende Grundlage. Die Klägerin mußte sich also auf die Herabsetzung der Rente auf einen Betrag gefallen lassen, der bei Berücksichtigung der Verhältnisse der Erbin und der Ertragsfähigkeit des Nachlasses der Billigkeit entsprach. Diese beiden Gesichtspunkte sind nicht in gleichem Maße zu berücksichtigen; vielmehr kann, auch wenn der Nachlaß ertraglos ist, aber der Erbe in guten Verhältnissen lebt, dem Berechtigten ein Anspruch zuerkannt werden, wobei nur auf Antrag vorbehalten werden muß, daß Nachlaß vorhanden ist, mit dem der Anspruch erfüllt werden kann. Der Erbin war durch den Tod ihres Mannes ein Witwen-

geld von 500 *RM* monatlich angefallen; wenn dieses auch nicht zum Nachlaß gehörte, erschien es doch billig, diesen Umstand bei der Berechnung der Höhe des Anspruchs der Klägerin zu berücksichtigen. Die Vorschriften des Ehegesetzes finden aber auf die Zeit vor seinem Inkrafttreten keine Anwendung. Für diese Zeit war die Sache neu zu prüfen. (IV, 8. Januar 1940.)

Amtl. Sammlg. S. 298—302.

49. **Wechselanspruch. Wucher.** (WG. Art. 17; BGB. § 138.) M. gewährte A. im Jahr 1935 ein Darlehen von 10000 *RM*. Im Juli 1937 wurde vereinbart, daß es am 29. Dezember 1937 zurückbezahlt werden sollte. Bald nachher geriet A. in Zahlungsschwierigkeiten. B. übergab ihm drei Wechselakzepte zu je 10000 *RM*, damit er sie zur Verbesserung seines Bankkredits benutze. A. gab eines davon an die Bank und sicherte dem B. zu, daß er die anderen vernichten werde. Er war einer Aktiengesellschaft 15000 *RM* schuldig. M. half ihm in der Weise, daß er fünf Wechsel zu je 3000 *RM* ausstellte und sie, nachdem A. sie angenommen hatte, an die Aktiengesellschaft indossierte. Er mußte sie später einlösen, da A. nicht zahlungsfähig war. Für die Ausstellung der Wechsel wurde eine Provision von 1500 *RM* vereinbart. Zur Sicherung all dieser Forderungen übergab A. dem M. die beiden Wechselakzepte, die er von B. erhalten hatte. Den einen Wechsel löste B. ein; aus dem zweiten erhob M. Klage gegen A. und B. Sie wurden im Wechselverfahren verurteilt. Im Nachverfahren machten A. und B. die Einrede des Wuchers geltend; sie wurde darauf gestützt, daß die Provisionsforderung übermäßig hoch gewesen sei. In allen Rechtszügen wurde die Klage abgewiesen. Die Revision machte dagegen geltend, daß durch eine etwaige Nichtigkeit des beanstandeten Rechtsgeschäfts zwischen M. und A. die wechselmäßige Haftung des B. nicht berührt werde, da dieser zu M. in keinen Beziehungen gestanden habe. Das Reichsgericht trat dieser Auffassung entgegen. Wenn die Vereinbarung einer Provision von 1500 *RM* für die Ausstellung der Wechsel wegen Wucher nichtig war, erfaßte diese Nichtigkeit auch das Erfüllungsgeschäft; der Klagewechsel war aber dem Kläger als Sicherheit auch für die Provisionsforderung übergeben worden. Demgemäß war der Kläger nicht Eigentümer dieses Wech-

sels geworden und hatte keine Befugnis erlangt, über ihn zu verfügen. Der Annahmevermerk des B. befand sich schon auf dem Wechsel, als A. ihn M. übergab; die Einwendung konnte daher auch von B. geltend gemacht werden. Daran wurde auch durch den Umstand nichts geändert, daß der Wechsel auch als Sicherheit für gültige Forderungen des M. gegen A. dienen sollte. Wenn einem Vertragsteil auf Grund zweier voneinander unabhängiger Geschäfte, von denen das eine rechtswirksam, das andere wucherisch und darum nichtig ist, Vermögensvorteile gewährt werden, ist die Frage, ob das Erfüllungsgeschäft rechtswirksam ist, danach zu beurteilen, ob es auch ohne das nichtige Geschäft vorgenommen worden wäre. Das hatte das Berufungsgericht ohne ersichtlichen Rechtsirrtum verneint. Es war nicht anzunehmen, daß A. im Widerspruch zu seinem dem B. gegebenen Versprechen, die beiden Wechselakzepte zu vernichten, sie dem M. übergeben hätte, wenn er nicht wegen seiner Schuld gegenüber der Aktiengesellschaft in eine Zwangslage geraten und dadurch gezwungen worden wäre, M. mit allen Mitteln zu veranlassen, daß er durch seine Wechselunterschrift gegenüber der Aktiengesellschaft für ihn eintrete. Unter Ausnutzung dieser Notlage hatte M. sich Vermögensvorteile gewähren lassen, die zu dem Wert seiner eigenen Leistung in auffälligem Mißverhältnis standen. Die Wechselbegebung an ihn war also nichtig. (II, 17. Dezember 1939.) Amtl. Sammlg. S. 302—308.

50. Amtspflichtverletzung von Soldaten. Straßenverkehr. (WeimVerf. Art. 131; BGB. §§ 276, 823, 839; RHaftG. § 1.) Ein Soldat erhielt den Auftrag, mit zwei anderen Soldaten auf einem zweispännigen Wehrmachtfahrzeug, einem mit Hinterradbremse versehenen Leiterwagen, Stroh in die Kaserne zu fahren. Als er mit dem hochbeladenen Wagen vorschriftsmäßig auf einer völlig ebenen Straße fuhr, scheuten plötzlich die Pferde und gingen durch. Der Soldat, der die Zügel führte, wurde vom Wagen geschleudert und noch einige Zeit mitgeschleift, mußte aber dann die Zügel loslassen. Die beiden anderen Soldaten liefen dem Wagen nach, um die Pferde zum Stehen zu bringen, konnten ihn aber nicht einholen. Eine Frau wurde überfahren und schwer verletzt. Ihr Mann klagte, teils aus eigenem Recht, teils aus dem Rechte der Frau, auf Schadenersatz. Das Berufungsgericht erkannte den Anspruch als gerechtfertigt an. Das Reichsgericht verwies die Sache zurück. Kein Bedenken bestand dagegen, die Haftungsvorschrift des Art. 131 WeimVerf. auf Pflichtverletzungen von Wehrmachtsangehörigen zu erstrecken, die nur zur Erfüllung ihrer Wehrpflicht im Heere dienen, ohne als Offiziere oder Unteroffiziere eine beamtenähnliche Stellung einzunehmen. Das Reichshaftgesetz stellt ausdrücklich Personen des Soldatenstandes den Reichsbeamten gleich. Rechtlich bedenkenfrei war auch die Feststellung des Berufungsgerichts, daß sich die drei Soldaten bei Ausführung des ihnen erteilten Auftrags in Ausübung anvertrauter öffentlicher Gewalt befanden; sie kamen einem dienstlichen Befehle nach und führten eine Handlung öffentlicher Fürsorge aus, da das Stroh zur Befriedigung notwendiger Bedürfnisse der Wehrmacht diente. Beschädigten sie bei Ausführung ihres Befehls, selbst ohne Übertretung besonderer gesetzlicher oder dienstlicher Vorschriften, nur im Rahmen der allgemeinen Bestimmung des § 823 BGB. Körper, Gesundheit oder Eigentum eines Teilnehmers am Straßenverkehr, so verletzten sie eine ihnen den Verkehrsteilnehmern gegenüber obliegende Amtspflicht. Sie wurden nicht dadurch entschuldigt, daß sie auf dienstlichen Befehl gehandelt hatten; eine ihnen zur Last fallende Amtspflichtverletzung durch fehlerhafte Ausführung der aufgetragenen Diensthandlung würde nur dann nicht vorliegen, wenn gerade diese Art der Ausführung ihnen ausdrücklich anbefohlen gewesen wäre. Da eine solche Anweisung nicht vorlag, mußte die Diensthandlung so ausgeführt werden, wie es der Verkehr erforderte. Für die Haftbarkeit des Reiches war es zudem ohne Bedeutung, ob die Schaden verursachende Amtspflichtverletzung von den Soldaten oder ihren Vorgesetzten, die eine fehlerhafte Ausführung befohlen hatten, begangen worden war. Das Berufungsgericht hatte ein Verschulden schon darin gefunden, daß der Wagen nur mit einer Hinterradbremse versehen war und daß für deren Bedienung keine Begleitperson beigegeben war. Hinterradbremsen sind aber bei Leiterwagen durchwegs üblich. In welchem Umfang die Bedienung der Bremse geboten war, ergab sich aus der für den Verkehr erforderlichen

Sorgfalt. Eine solche Bedienung war geboten, wenn der Wagen an eine abschüssige Stelle gelangte oder wenn aus besonderem Grunde damit zu rechnen war, daß die Pferde scheuten. Diese Voraussetzung lag nicht vor. Nachdem die Pferde scheu geworden waren, hätte ein Anziehen der Bremse keinen Erfolg mehr versprochen. Zu prüfen war aber, ob nicht eine für den Unfall ursächliche Fahrlässigkeit des Wagenführers darin lag, daß er seinen Sitz oben auf dem hochgeladenen Stroh gewählt hatte. Daß dies allgemein üblich ist, schloß nicht aus, daß es gegen die im Verkehr erforderliche Sorgfalt verstieß. (III, 8. Dezember 1939.) Amtl. Sammlg. S. 308—316.

Vgl. Bd. 104 S. 286; Bd. 105 S. 230, 338; Bd. 107 S. 270; Bd. 108 S. 387; Bd. 134 S. 237; Bd. 156 S. 401.

51. **Rechtshilfe.** (GVG. § 158; ZPO. § 373.) In einem Rechtsstreit eines unehelichen Kindes auf Feststellung der Vaterschaft und Unterhalt erging ein Beweisbeschluß, die Mutter des Kindes solle durch das Gericht ihres Aufenthaltsortes eidlich darüber vernommen werden, ob sie in der Empfängniszeit außer mit dem Beklagten auch mit anderen Männern Geschlechtsverkehr gehabt habe. Das ersuchte Gericht lehnte die Vernehmung ab mit der Begründung, daß eine solche Befragung der Zeugin der Ausforschung zur Gewinnung von Streitstoff für den Beklagten diene und deshalb unzulässig sei. Das Beschwerdegericht trat der Auffassung des ersuchten Gerichts bei. Das Reichsgericht gab der weiteren Beschwerde statt. Die Ablehnung des Ersuchens um Rechtshilfe ist nur dann statthaft und geboten, wenn die vorzunehmende Handlung nach dem Rechte des ersuchten Gerichts verboten ist; es genügt nicht, daß sie dem ersuchten Gericht nach der Lage des Rechtsstreits nicht angemessen erscheint. Dem ersuchten Gericht waren die Vorgänge der mündlichen Verhandlung, die zu dem Beweisbeschluß geführt hatten, nicht bekannt; es war nicht ausgeschlossen, daß der Beklagte gewichtige Gründe gegen seine alleinige Beiwohnung beigebracht hatte, diese Gründe sich aber nicht dazu eigneten, zum selbständigen Gegenstand des Beweissatzes gemacht zu werden. Schlechthin verboten war jedenfalls die verlangte Vernehmung der Kindsmutter nicht. Im heutigen Recht, das die Feststellung der blutmäßigen Ab-

stammung eines Kindes von einem bestimmten Vater zuläßt, kann schon im vormundschaftsgerichtlichen Verfahren die allgemeine Frage sachgemäß sein, ob die Kindsmutter während der Empfängniszeit auch mit einem anderen Manne Geschlechtsverkehr gehabt hat. Auch in diesem Verfahren kann sich das Bedürfnis einer Rechtshilfe durch auswärtige Befragung der Kindsmutter ergeben. Eine Befragung aber, die im vormundschaftsgerichtlichen Verfahren statthaft ist, kann nicht an sich verboten sein. (II, 26. Januar 1940.) Amtl. Sammlg. S. 316—320.

Vgl. Bd. 159 S. 58; Bd. 160 S. 293; JW. 1938 S. 245.

52. **Mittelbarer Schaden.** (ÖstABGB. §§ 1293, 1295, 1327; ÖstEisenbHaftpflG. § 1.) Durch ein Eisenbahnunglück, das durch einen Schrankenwärter verschuldet war, wurde ein Kind getötet. Die Mutter des Kindes, die alsbald nachher zur Unfallstelle kam, erlitt einen Nervenzusammenbruch. Sie klagte gegen die Deutsche Reichsbahn auf Schadenersatz. In zwei Rechtszügen wurde die Klage abgewiesen, weil nach österreichischem Recht für einen nur mittelbaren Schaden nicht zu haften sei. Das Reichsgericht verwies die Sache zurück. Die Tötung eines Menschen kann die Ursache sein, daß anderen Personen Auslagen erwachsen, daß ihre Pflicht zur Leistung von Versorgungsbezügen oder Versicherungssummen ausgelöst wird, daß sie Verpflichtungen auf sich nehmen müssen, die bisher der Verstorbene getragen hat, daß ihnen Leistungen entgehen, die der Getötete bisher entweder tatsächlich oder auf Grund eines Vertrags oder Gesetzes geleistet hat. Solche Schäden, die ohne den Tod nicht entstanden wären, werden als mittelbare bezeichnet; für sie wird nur im Falle besonderer gesetzlicher Vorschrift gehaftet (§§ 844, 845 BGB.; § 1327 ÖstABGB.). Wenn aber eine Mutter durch die Erregung über den Tod ihres Kindes einen Nervenzusammenbruch erleidet und so in ihrer Gesundheit geschädigt wird, liegt ein unmittelbarer Schaden vor, da die Erkrankung ebenso wie der Tod des Kindes selbst durch das schädigende Ereignis herbeigeführt wird. Der Umstand, daß die Mutter beim Tode des Kindes nicht zugegen war, spielte keine entscheidende Rolle. Die Rechtsprechung im Altreich hat allerdings eine Haftung der Eisenbahn für solche Schäden abgelehnt, weil sie

nicht beim Betrieb einer Eisenbahn entstanden sind. Nach österreichischem Recht ist eine solche Einschränkung nicht geboten; nach diesem hat die Eisenbahnunternehmung das Verschulden der Personen, deren sie sich zur Ausübung ihres Betriebes bedient, ebenso wie eigenes Verschulden zu vertreten. (VIII, 8. Januar 1939.)

Amtl. Sammlg. S. 321—323.

Vgl. Bd. 64 S. 344; Bd. 68 S. 47; Bd. 133 S. 270.

53. **Offizier. Mäklervertrag. Gute Sitten. Arglist.** (BGB. § 138.) Ein Kaufmann, der während des Weltkriegs als Leutnant der Reserve Dienst leistete und einer Waffenrüstabteilung zugewiesen war, lernte in dieser Tätigkeit einen Fabrikbesitzer kennen, der dem Heere Waffen lieferte, und vermittelte seine Bekanntschaft mit einem Bergwerkseigentümer. Zwischen den beiden kam ein Vertrag zustande; dem Vermittler wurde eine Mäklergebühr von 3% zugesichert. Diese wurde nur teilweise ausbezahlt. Die Klage auf einen Teil des Restes drang vor dem Berufungsgericht durch. Das Reichsgericht wies sie ab. Entscheidend war, ob es gegen die guten Sitten verstieß, daß der Kläger sich eine Mäklergebühr versprechen ließ. Das Berufungsgericht hatte das verneint, weil der Kläger nur Reserveoffizier gewesen sei und die Mißbilligung geschäftlicher Tätigkeit, wie sie für aktive Offiziere allgemein geboten sei, für ihn nicht gelten könne. Das Reichsgericht stimmte der Auffassung des Berufungsgerichts bei, daß Sittenwidrigkeit nur dann anzunehmen ist, wenn das Rechtsgeschäft nach seinem aus der Zusammenfassung von Beweggrund, Inhalt und Zweck zu entnehmenden Gesamtwesen dem sittlichen Empfinden der Volksgemeinschaft widerspricht. Es kommt dabei nicht allein darauf an, ob das Rechtsgeschäft zur Zeit seines Abschlusses im Einklang mit den sittlichen Anforderungen war, sondern auch darauf, ob sein weiterer Vollzug mit den nunmehr herrschenden Anschauungen über das, was sittlich erlaubt ist, verträglich erscheint. Die Besonderheit des Falles lag aber darin, daß der Kläger als damaliger Offizier einen ihm dienstlich bekannt gewordenen Heereslieferanten dem Beklagten als Vertragsgegner zuführte, die werbenden Verhandlungen auf der Dienststelle pflog, dem Beklagten, um dessen Bedenken zu zerstreuen, Auskünfte

über die Vermögensverhältnisse seines Vertragsgegners erteilte, die ihm nur unter Verletzung des Dienstgeheimnisses möglich waren. Für die sittliche Beurteilung dieses Verhaltens war es unerheblich, ob der Kläger Berufsoffizier war oder nur als Reserveoffizier Dienst tat. Die bei jedem Offizier in gleicher Weise zu fordernde besondere Ehr- und Pflichtauffassung gebietet, daß ein Offizier bei seiner dienstlichen Verwendung in der Wehrmacht sich von Geschäften eigennütziger Art fernhält, bei denen auch nur der Verdacht entstehen könnte, daß sie unter Ausnutzung dienstlich erworbener Kenntnisse und Möglichkeiten zustande gekommen seien. Dieses Gebot galt schon während des Weltkriegs uneingeschränkt, wie es auch heute noch Geltung beansprucht. Wenn auch der Umstand, daß ein Vertrag unter Verletzung der Standespflichten geschlossen wird, diesem noch nicht ohne weiteres und in jedem Falle den Stempel der Unsittlichkeit aufprägt, war doch im vorliegenden Falle die Anlegung eines strengen Urteilsmaßstabes geboten. Der Offizier ist Träger wichtigster staatlicher Aufgaben. Die Sicherheit der Landesverteidigung ist in hohem Maße durch die Sauberkeit und Unantastbarkeit seiner Ehr- und Pflichtauffassung bedingt. Deshalb kann, namentlich in heutiger Zeit, nicht zweifelhaft sein, daß jede ernstliche, vor allem eine auf eigennützigen Beweggründen beruhende Verletzung der dem Offizier obliegenden besonderen Pflichten von der Volksgemeinschaft auch als sittlich verwerflich empfunden wird. Auch der Beklagte handelte unsittlich, wenn er dem Kläger einen Mäklerlohn versprach und ihn dadurch veranlaßte, eine Aufgabe zu übernehmen, die ihn mit seinen Pflichten in Widerspruch setzen mußte. Das konnte aber nicht dazu führen, ihm die Berufung auf die Nichtigkeit des Abkommens zu versagen. Die Berufung auf eine als Folge des Verstoßes gegen die guten Sitten eintretende Nichtigkeit ist keine Einrede; die Nichtigkeit ist vielmehr vom Gericht, wenn sie im Parteivorbringen zutage tritt, vom Amts wegen zu berücksichtigen. Wird aus diesem Grunde die Erfüllung eines Vertrags verweigert, so kann dem nicht die Einrede der Arglist entgegengehalten werden. Der Grundsatz, daß die Geltendmachung der Nichtigkeit dann, wenn diese mit Rücksicht auf ein früheres Verhalten gegen Treu und Glauben verstößt, als arglistig nicht zuzulassen ist, gilt nur für die Berufung auf die Formlosigkeit eines Rechtsgeschäfts. Im Falle der Nichtigkeit wegen Sittenverstoßes ist dieser Grundsatz nicht anwendbar. (VII, 16. Januar 1940.)

Amtl. Sammlg. S. 323--329.

Vgl. Bd. 115 S. 135; Bd. 142 S. 70; Bd. 150 S. 1; Bd. 153 S. 294; Bd. 160 S. 52; Bd. 161 S. 153.

54. **Ehescheidung von Ausländern. Kindererziehung. Zwischenstaatliches Recht.** (EGzBGB. Art. 19, 30; BGB. § 1635; ZPO. § 722.) Ein Holländer schloß im Jahr 1922 in Deutschland die Ehe mit einer Deutschen; diese erwarb dadurch die niederländische Staatsangehörigkeit. Im Jahr 1929 wurde aus der Ehe eine Tochter geboren. Im Jahre 1934 trennten sich die Eheleute; der Ehemann ging nach Holland, während die Ehefrau in Deutschland blieb. Durch Urteil eines holländischen Landgerichts wurde die Ehe auf die Klage des Ehemannes und Widerklage der Ehefrau wegen beiderseits anerkannter Untreue im Jahr 1935 geschieden; das Urteil wurde rechtskräftig. Das holländische Landgericht ordnete an, daß der Vater des Kindes die Vormundschaft über dieses zu führen habe und daß das Kind an ihn herauszugeben sei. Sein Ersuchen, für diese Verfügung in Deutschland ein Vollstreckungsurteil zu erlangen, hatte keinen Erfolg; die Klage wurde mit der Begründung abgewiesen, daß die Gegenseitigkeit im Verhältnis zu den Niederlanden nicht verbürgt sei. Die Mutter des Kindes schloß im Jahr 1936 eine neue Ehe mit einem Deutschen und erlangte auf diese Weise wieder die deutsche Staatsangehörigkeit; durch das Vormundschaftsgericht wurde ihr die Sorge für die Person des Kindes übertragen. Eine neue Klage ihres ersten Ehemannes auf Herausgabe des Kindes wurde in zwei Rechtszügen abgewiesen. Das Reichsgericht gab ihr statt. Daß der Antrag auf Erlassung eines Vollstreckungsurteils für die Verfügung des holländischen Gerichts rechtskräftig abgewiesen worden war, stand der neuen Klage nicht entgegen, weil damals über den Herausgabeanspruch selbst nicht entschieden worden war. Wie dieser Anspruch bei den deutschen Gerichten geltend zu machen ist, bestimmt sich nach den deutschen Gesetzen, die dafür den ordentlichen Rechtsweg eröffnen. Das Rechtsverhältnis zwischen den

Eltern und einem ehelichen Kinde bestimmt sich nach deutschem Recht, wenn der Vater und, falls er gestorben ist, die Mutter die Reichsangehörigkeit besitzt. Der Fall, daß die Eltern oder zum mindesten der Vater eine außerdeutsche Staatsangehörigkeit besitzen, ist nicht ausdrücklich geregelt; grundsätzlich muß aber aus der Vorschrift gefolgert werden, daß die Staatsangehörigkeit des Vaters als des regelmäßigen Inhabers der elterlichen Gewalt bei dessen Lebzeiten entscheidet. Demzufolge war im vorliegenden Falle für das Verhältnis der Parteien zu ihrer Tochter das niederländische Recht maßgebend. Nach diesem bestimmt bei der Scheidung das Gericht, welcher Elternteil die Vormundschaft über das Kind ausüben soll; die Vormundschaft tritt an die Stelle der bisherigen elterlichen Gewalt, die mit der Scheidung der Ehe aufhört. Demgemäß stand dem Kläger die Sorge für die Person des Kindes zu und damit auch der Anspruch, von jedem Anderen die Herausgabe des Kindes zu verlangen. Die Anwendung niederländischen Rechts wäre nur dann ausgeschlossen, wenn sie gegen die guten Sitten oder den Zweck eines deutschen Gesetzes verstieße. Davon konnte keine Rede sein. Hieran wurde auch dadurch nichts geändert, daß die Beklagte später die deutsche Reichsangehörigkeit erwarb; erst nach dem Tod des Vaters wäre es hierauf angekommen. Die auf Grund des niederländischen Rechts getroffene Regelung der Personensorge für das Kind war somit für die deutschen Behörden verbindlich. Das deutsche Vormundschaftsgericht konnte keine entgegenstehende Anordnung treffen. Aus der Verfügung ging auch hervor, daß das Vormundschaftsgericht das Verhältnis der Parteien zu dem Kinde nicht neu gestalten, sondern nur eine Rechtslage klarstellen wollte, die nach seiner irrigen Anschauung schon bestand. (IV, 25. Januar 1940.)

Amtl. Sammlg. S. 329—336.

Vgl. Bd. 81 S. 373; JW. 1932 S. 588.

55. **Bestattungsunternehmen. Kundenwerbung.** (Unl. WG. § 1.) Ein Bestattungsunternehmen ließ durch Vertreter Hausbesuche ausführen und dabei anregen, die Kosten der künftigen Bestattung durch Vorauszahlung oder durch Begünstigung des Unternehmens aus einer Versicherung bereitzustellen. Ein anderes Unternehmen der gleichen Art erklärte das für unzulässig. Das erste Unter-

nehmen klagte gegen das zweite auf Feststellung, daß seine Art der Werbung zulässig sei. Der Beklagte beantragte mit Widerklage, dem Kläger zu verbieten, Personen unaufgefordert zum Zwecke der Werbung um den künftigen Bestattungsauftrag aufzusuchen oder aufsuchen zu lassen. Das Landgericht gabe der Widerklage statt und erklärte die Klage für erledigt. Vor dem Berufungsgericht brachte der Kläger vor, eine Werbung durch nicht verlangte Vertreterbesuche geschehe nur in Verbindung mit Sterbefallversicherungen. Der Beklagte schränkte die Widerklage auf diese Fälle ein. Das Berufungsgericht wies daraufhin die Widerklage ab. Das Reichsgericht verwies die Sache zurück. Die Einschränkung des Antrags der Widerklage war nur aus der Begründung des Urteils zu entnehmen, nicht aber aus der Sitzungsniederschrift; sie war demgemäß für die Revision nicht zu berücksichtigen. Die Unklarheit der angefochtenen Entscheidung nötigte zu ihrer Aufhebung. Ob die Werbung um Bestattungsaufträge mit den Grundsätzen lauteren Wettbewerbs im Einklang stand, hing davon ab, ob sie vom gesunden Volksempfinden gebilligt oder doch hingenommen wurde. Der Hausbesuch ist eine besonders eindringliche Werbeweise. Er bringt in jedem Falle eine gewisse Störung mit sich. Die Allgemeinheit nimmt übliche Hausbesuche hin, wünscht aber keinesfalls eine Vermehrung, zumal wenn Hausbesuche nach ihrem Gegenstande oder nach den Umständen als besonders lästig empfunden werden. Die überwiegende Zahl der Volksgenossen hält es für unangebracht, mit der Bewerbung um einen Bestattungsaustrag behelligt zu werden. Der Durchschnittsmensch will mit dem Gedanken an seinen Tod nicht befaßt sein; es ist ihm auch kein Gegenstand der Sorge, wie nach seinem Ableben seine Bestattung geregelt wird. Das durch die Erinnerung an den Tod hervorgerufene Mißbehagen wird im Fall einer Werbung um einen Bestattungsauftrag noch durch die Empfindung verstärkt, daß es dem Werbenden nur auf seinen geschäftlichen Vorteil ankommt. Das gilt auch, soweit die Werbung in Zusammenhang mit Versicherungen auf den Todesfall steht. Im Abschluß solcher Versicherungsverträge kommt die Sorge für Personen zum Ausdruck, die dem Versicherungsnehmer nahestehen; bei der Erteilung von Bestattungsaufträgen ist das nicht der Fall. Der Versicherungsnehmer wird allerdings beim Abschluß des Vertrags erwägen, daß er wider Erwarten früh sterben könnte; daraus darf aber nicht gefolgert werden, daß er sich schon mit seinem Ableben vertraut gemacht habe und darum die Werbung eines Bestattungsunternehmens um einen Auftrag über die Durchführung seiner Bestattung nicht unangenehm empfinde. (II, 28. September 1939.) Amtl. Sammlg. S. 337—346.

Vgl. Bd. 145 S. 402.

56. **Ausstattungsschutz. Vorbenutzungsrecht.** (WZG. § 25.) Für eine Lavendelwasserflasche, gekennzeichnet durch die Zusammenstellung einer grünen Flachflasche mit goldfarbener Aufschrift und goldfarbener Verschlußkappe, wurde Ausstattungsschutz erwirkt. Der Klage auf Unterlassung des Gebrauchs einer gleichartigen Flasche hielt der Beklagte entgegen, daß er solche Flaschen schon länger als der Kläger im Gebrauch habe. Die Klage drang durch. Von dem Fall örtlich begrenzter Verkehrsgeltung abgesehen ist es nicht denkbar, daß die gleiche Ausstattung für zwei Geschäftsbetriebe desselben Wirtschaftsgebietes besteht. Hat jemand einen Ausstattungsschutz erlangt und entdeckt nun, daß auch ein Mitbewerber die gleiche Ausstattung benutzt, so muß er von ihm die Unterlassung der weiteren Benutzung verlangen und erforderlichenfalls im Wege der Klage erzwingen. Erlangt die Ausstattung des Mitbewerbers Verkehrsgeltung, so ist ihr gegenüber die Berufung auf ein Vorbenutzungsrecht nicht mehr zulässig (II, 4. Oktober 1939.)

Amtl. Sammlg. S. 347—349.

57. **Fremdenheim. Steinbruch. Nachbarrecht. Abwehrklage.** (BGB. §§ 823, 906, 1004.) Im Jahre 1905 wurde ein in den bayerischen Alpen gelegenes Grundstück, das einem Steinbruchbesitzer gehörte, zum Zweck der Errichtung eines Wohnhauses verkauft. Es lag unmittelbar oberhalb des Steinbruchs. Im Kaufvertrag behielt sich der Verkäufer das Recht vor, den Steinbruch nach wie vor weiterzuführen, verpflichtete sich aber, allen Schaden, der durch den Betrieb entstehen würde, zu ersetzen; außerdem verzichtete er mit Wirksamkeit für und gegen alle Nachfolger im Besitze beider Grundstücke darauf, Bäume, die oberhalb des Grundstücks standen, zu fällen. Das Haus

wechselte wiederholt den Besitzer; seit dem Jahr 1935 wurde es als Fremdenheim ausgenutzt. Der Steinbruch wurde bis zum Jahr 1937 nur in ganz geringem Umfang ausgeübt. In diesem Jahr übernahm eine Aktiengesellschaft den Betrieb; er wurde bedeutend ausgedehnt, namentlich wurden häufige Sprengungen vorgenommen; außerdem wurden zwei oberhalb des Steinbruchs stehende Bäume gefällt. Die Eigentümerin des Hauses klagte gegen den Eigentümer des Steinbruchs und die Aktiengesellschaft auf Schadenersatz und Einschränkung des Betriebs. Das Landgericht wies die Klage ab. Während des Berufungsverfahrens stellte die Aktiengesellschaft ihre Tätigkeit an dem Steinbruch ein. Das Berufungsgericht bestätigte die Abweisung der Klage auf Einschränkung des Betriebs, gab dagegen der Klage auf Schadenersatz statt. Das Reichsgericht verwies die Sache zurück. Die Frage, ob die Klägerin sich auf den Vertrag vom Jahr 1905 berufen könne, hatte das Berufungsgericht verneint, da es sich nur um eine schuldrechtliche Bindung des damaligen Verkäufers gehandelt habe, aus der keine Verpflichtung auf den Beklagten übergegangen sei. Dabei war aber unbeachtet geblieben, daß der Beklagte im Wege der Gesamtrechtsnachfolge Eigentümer des Hofes geworden war. Die Gesamtnachfolge hatte auch nicht damit geendet, daß Erbauseinandersetzungen stattgefunden hatten; die Schuldhaftung, um die es sich hier handelte, endete damit nicht. Die Verpflichtungen waren eingegangen zugunsten jedes Eigentümers des Hauses, gleichviel, auf welche Weise dieser das Eigentum erlangt hatte. Es machte darum auch nichts aus, daß einer der Rechtsvorgänger der Klägerin es im Wege der Zwangsversteigerung erworben hatte. Von Belang war, ob die Verpflichtung, die oberhalb des Steinbruchs stehenden Bäume nicht zu fällen, einer Erweiterung des Steinbruchs entgegenstand. Hiefür waren noch tatsächliche Feststellungen nötig. Die Abwehrklage richtete sich nicht gegen den Steinbruchbetrieb überhaupt, sondern gegen die Einwirkungen, die sich aus der verstärkten Betriebsweise seit dem Jahr 1937 ergaben. Sie wurde nicht dadurch gegenstandslos, daß während des Verfahrens der verstärkte Betrieb eingestellt wurde; die Wiederaufnahme war immer wieder möglich. Entscheidend war, ob in der Gegend, in der das Haus der Klägerin lag, die Benutzung eines Grundstücks als Steinbruch ortsüblich war. Dabei hatte das Berufungsgericht mit Recht einen Unterschied zwischen diesem Ortsteil und dem eigentlichen Kern des Ortes gemacht, in dem ein starker, lärmender Verkehr herrschte. Unrichtig war aber, daß es den Betrieb eines Steinbruchs in dieser Gegend im ganzen für nicht ortsüblich erklärte. Damit ging es über den Willen der Klägerin hinaus, die den bis 1937 üblichen Betrieb zu dulden bereit war; zu Unrecht ließ es auch außer Betracht, daß der Steinbruch schon seit mehr als 100 Jahren bestand und daß der Erbauer des Hauses sich mit dem Weiterbetrieb ausdrücklich einverstanden erklärt hatte. In Wald und Gebirge kann man nicht einen dort lange Zeit vor der Bebauung vorhandenen Steinbruch als Fremdkörper bezeichnen. In der Betriebsweise des Steinbruchs mußte aber darauf Rücksicht genommen werden, daß er sich in einem sonst durch ländliche Ruhe ausgezeichneten, zum Aufenthalt für Erholungsbedürftige bestimmten Landhaussiedlungsgelände befand. Nur ein dementsprechend eingeschränkter Betrieb entsprach der örtlichen Gestaltung und war als ortsüblich anzuerkennen. Damit ist nicht gesagt, daß die Grenze genau nach der vor dem Juli 1937 geübten Betriebsweise zu bestimmen war; man konnte dem Eigentümer des Steinbruchs nicht zumuten, im Handbetrieb nach Altväterweise zu arbeiten. Die Klägerin mußte einen Betrieb des Steinbruchs dulden, der über die bis 1937 übliche Art der Ausnutzung hinausging, aber doch nicht den Betrieb ihres Fremdenheims und die gefährdete Benutzbarkeit ihres Hauses unbillig beeinträchtigte. Der Richter hatte, nötigenfalls mit Hilfe eines Sachverständigen, eine Art der Ausnutzung festzulegen, die beiden Teilen gerecht wurde. Dabei war auch zu berücksichtigen, daß der Rechtsvorgänger des Beklagten durch Verkauf von Gelände zur Schaffung der Landhaussiedlung beigetragen hatte. Der Umstand, daß der Steinbruch schon vor Erbauung des Hauses der Klägerin dagewesen war, stand der Klage nicht im Wege. Versagt ist die Abwehrklage nur gegenüber gewerblichen Anlagen, die mit obrigkeitlicher Genehmigung errichtet worden sind (Gew.-O. §§ 16, 26), und gegenüber Betrieben, die für die Volksertüchtigung und Volksgesundheit von besonderer Bedeutung sind (RG. vom 13. Dezember 1933 und 18. Oktober 1935). Unternehmen dürfen dann nicht durch eine Abwehr in der Ausübung ihres Betriebes gestört werden, wenn sie für das allgemeine Wohl unentbehrlich oder doch von besonderer Bedeutung sind. Alles das lag hier nicht vor. Einen Schadenersatzanspruch hatte das Berufungsgericht in Gestalt eines den zu versagenden Unterlassungsanspruch ablösenden Aufopferungsanspruchs anerkannt. Das erklärte das Reichsgericht schon deshalb für unbegründet, weil der Unterlassungsanspruch wenigstens teilweise begründet war. Außer einer etwa in Betracht kommenden Vertragshaftung konnte der Schadenersatzanspruch nur auf unerlaubte Handlung gestützt werden. Dazu waren weitere Feststellungen nötig. (V, 4. Januar 1940.) Amtl. Sammlg. S. 349—360.

Vgl. Bd. 128 S. 346; Bd. 133 S. 152; Bd. 139 S. 29; Bd. 154 S. 161; Bd. 156 S. 314; Bd. 159 S. 68, 129; JW. 1936 S. 3454.

58. **Notar. Amtspflichtverletzung.** (ÖstABGB. §§ 1299, 1301, 1302; ÖstAbvO. § 9.) Vor einem Notar im Sudetenlande wurde ein Kaufvertrag über eine Liegenschaft beurkundet. Die Liegenschaft war kurz zuvor im Zwangswege versteigert und dem Verkäufer zugeschlagen worden; die Versteigerungsbedingungen hatte er noch nicht erfüllt. Der Kaufpreis wurde an den Notar ausbezahlt; dieser sollte dafür das Meistbot berichtigen und die Gebühren erlegen. Auf der Liegenschaft hatte eine Sparkasse eine Hypothekforderung von 32000 K. Der Notar fragte bei ihr an, ob sie bereit sei, 10000 K auf der Liegenschaft weiter zu belassen; nachdem diese zugesagt hatte, zahlte er 22000 K an sie aus. Die Sparkasse gab den Betrag an den Verkäufer hinaus; da dieser die Versteigerungsbedingungen nicht erfüllte, wurde die Liegenschaft neuerdings versteigert. Der Käufer klagte gegen den Notar auf Schadenersatz. In zwei Rechtszügen wurde die Klage abgewiesen. Das Reichsgericht verwies die Sache zurück. Der Beklagte hätte sich nicht mit der Zustimmung der Sparkasse zu dem beabsichtigten Vorgehen begnügen dürfen, sondern auch Sicherheit dafür verlangen müssen, daß der überwiesene Betrag ausschließlich zur Abdeckung der Hypothekenforderung der Sparkasse, also zur Erfüllung der Versteigerungsbedingungen verwendet werde. Diese

Sicherung hätte darin bestehen müssen, daß die Sparkasse ihm die Erklärung abgab, sie sei mit dem Bestehenbleiben der Hypothek bis zum Betrage von 10000 K einverstanden und erkläre sich wegen ihrer Restansprüche aus dem Meistbot für befriedigt, wenn der Beklagte für den Verkäufer an sie den Betrag von 22000 K zahle; durch den Besitz einer solchen Erklärung wäre er in der Lage gewesen, einem etwaigen Einwande der Sparkasse zu begegnen, sie habe die Zahlung nicht auf ihre Forderung aus dem Meistbot erhalten. Die Sparkasse mußte allerdings, wie sich aus dem vorgelegten Briefwechsel ergab, bei gehöriger Aufmerksamkeit wissen, daß sie den überwiesenen Betrag zur Erfüllung der Versteigerungsbedingungen zu verwenden hatte; aber selbst wenn sie wider besseres Wissen handelte und durch die Vereitelung der ordnungsmäßigen Berichtigung des Meistbotes die Wiederversteigerung herbeiführte, schloß dieses Verschulden der Sparkasse die Haftung des Beklagten nicht aus, da er dieses Vorgehen der Sparkasse durch sein Versehen wenigstens mitverschuldet hatte. Er hatte die von ihm zu vertretende besondere fachmännische Sorgfalt verletzt, indem er sich nicht hinreichend sicherte, daß die Sparkasse seine Zahlung zur Befriedigung ihrer Forderung aus dem Meistbote verwendete; dieses Verhalten war ursächlich für den Schaden des Klägers. (VIII, 15. Januar 1940.)

Amtl. Sammlg. S. 360—364.

59. **Reichsbahn. Schrankenwärter. Bahnpolizei. Entlastungsbeweis.** (BGB. §§ 831, 839; WeimVerf. Art. 131; RBahnG. § 1; EBBO. § 79.) Ein Hilfsschrankenwärter der Reichsbahn vergaß, eine Schranke rechtzeitig zu schließen. Ein Lastkraftwagen geriet demzufolge auf die Schienen und wurde schwer beschädigt. Der Eigentümer klagte gegen die Reichsbahn auf Schadenersatz. Das Landgericht gab der Klage statt. Die Sprungrevision der Reichsbahn führte zur Zurückverweisung. Die Beförderung von Personen und Gütern durch die Reichsbahn ist nicht Ausübung fürsorglicher Hoheitsgewalt, sondern hält sich im bürgerlich-rechtlichen Geschäftskreise. Staatshoheitliche Gewalt übt die Reichsbahn nur auf dem Gebiete der Bahnpolizei aus. Diese umfaßt die Maßnahmen, die zur Handhabung der für den Eisenbahnbetrieb und

-verkehr geltenden polizeilichen Verordnungen erforderlich sind. Zu den Eisenbahnpolizeibeamten gehören auch die Schrankenwärter. Daraus folgt aber nicht, daß im Schließen einer Schranke die Ausübung von Bahnpolizei und damit öffentlicher Gewalt zu erblicken ist. Bei den Fernschranken tritt das besonders deutlich in die Erscheinung; bei den unmittelbar bedienten Schranken können bahnpolizeiliche Maßnahmen hinzutreten, indem der Schrankenwärter etwaige Zuwiderhandlungen gegen das an das Schließen der Schranke sich anschließende Verbot des Bahnübergangs verhindert. Soweit der Schrankenwärter nicht als Eisenbahnpolizeibeamter tätig wird, ist er nur Betriebsgehilfe des Beförderungsunternehmens der Eisenbahn. Diese hat wie jeder Beförderungsunternehmer die bürgerlich-rechtliche Pflicht, dafür zu sorgen, daß durch die Ausführung der Beförderungen kein Schaden angerichtet wird. Hiefür sind die Anbringung und Bedienung der Schranken bestimmt. Durch das Schließen der Schranken erläßt die Bahnverwaltung keine polizeiliche Verfügung; die Verfügung ist in der Eisenbahnverkehrsordnung enthalten und dagegen gerichtet, daß der Bahnkörper betreten wird, wenn die Sicherheit des Bahnverkehrs seine Freihaltung erfordert. Da sonach die Haftung der Reichsbahn für den Unfall auf bürgerlich-rechtlichem Gebiete lag, war sie berechtigt, den Entlastungsbeweis zu führen, daß sie bei der Bestellung und Beaufsichtigung des Schrankenwärters die erforderliche Sorgfalt beobachtet hatte. (III, 19. Januar 1940.)

Amtl. Sammlg. S. 364—370.

Vgl. Bd. 105 S. 99; Bd. 109 S. 209; Bd. 154 S. 16; Bd. 161 S. 341.

60. Offene Handelsgesellschaft. Vertretungsmacht. Abwicklung. Gute Sitten. (HGB. §§ 116, 119, 126, 146, 150; BGB. § 138.) Eine offene Handelsgesellschaft bestand aus drei Frauen: S., M. und B. Die Gesellschaft betrieb ein Verlagsunternehmen; der Ehemann der Frau B. war als Prokurist bestellt. Nach seinem Tode kam die Auflösung der Gesellschaft in Frage. Frau S. übertrug ihrem Ehemanne das gesamte Vermögen der Gesellschaft zu Eigentum gegen die Verpflichtung, es für Rechnung aller Gesellschafter zu verwalten und den bei der Verwertung sich ergebenden Erlös so aufzuteilen, als wenn die Gesellschaft nach den gesetzlichen Vorschriften regelrecht liquidiert worden wäre. Er klagte gegen die Erben des Prokuristen B. und seiner Ehefrau auf Schadenersatz. In allen Rechtszügen wurde die Klage abgewiesen. Frau S. hatte durch den Abschluß des Vertrags mit ihrem Ehemann ihre Befugnis zur Geschäftsführung überschritten. Diese Befugnis erstreckt sich auf alle Handlungen, die der gewöhnliche Betrieb des Handelsgewerbes der Gesellschaft mit sich bringt; zur Vornahme von Handlungen, die darüber hinausgehen, ist aber ein Beschluß sämtlicher Gesellschafter erforderlich. Die Übertragung des gesamten Vermögens einer Gesellschaft auf einen Dritten, die in der ausgesprochenen Absicht vorgenommen wird, auf diesem Wege die gesetzliche Form der Abwicklung (Liquidation) zu beseitigen, liegt aber außerhalb des gewöhnlichen Betriebs des Handelsgewerbes einer jeden Gesellschaft. Der Kläger hatte sich darauf berufen, daß die Beklagten von einer Mitbestimmung ausgeschlossen gewesen seien, weil es sich um die Geltendmachung von Ansprüchen gegen sie gehandelt habe. Für die offene Handelsgesellschaft besteht keine ausdrückliche Bestimmung, daß bei einem Widerstreit der Belange der betreffenden Gesellschafter von der Beschlußfassung ausgeschlossen wäre. Das Reichsgericht hat allerdings schon für die bürgerlich-rechtliche Gesellschaft, bei der eine solche Bestimmung gleichfalls fehlt, grundsätzlich einen solchen Ausschluß von der Beschlußfassung anerkannt. Für den vorliegenden Fall erklärte es, daß der Gesellschafter einer offenen Handelsgesellschaft mindestens dann von der Mitwirkung bei der Beschlußfassung ausgeschlossen ist, wenn es sich darum handelt, ob die Gesellschaft gegen ihn vertragliche oder außervertragliche Ansprüche geltend machen soll, und zwar auch dann, wenn diese Ansprüche auf seiner Haftung als Erben beruhen. Daraus folgte aber nicht, daß Frau S. ihrem Ehemanne das ganze Gesellschaftsvermögen mit Abwicklungsauftrag übertragen durfte und daß dieser Vertrag, nachdem Frau M. ihm beigetreten war, in den Rahmen der Geschäftsführungsbefugnis der Frau S. fiel. Das Gesellschaftsvermögen bestand zur Zeit des Vertragsschlusses nicht nur in den Forderungen der Gesellschaft gegen die Beklagten; diese wurden durch den Vertrag um ihr Recht auf Mitwirkung bei der Abwicklung gebracht, obwohl bei einer solchen, abgesehen von der Frage der Geltendmachung der Ansprüche gegen sie selbst, kein Widerstreit der Belange zu erwarten war. Daraus folgte allerdings noch nicht, daß der Kläger durch diesen Vertrag kein Recht erworben hatte. Nach § 126 BGB. erstreckt sich die Vertretungsmacht der Gesellschafter einer offenen Handelsgesellschaft auf alle gerichtlichen und außergerichtlichen Geschäfte; eine Beschränkung des Umfangs der Vertretungsmacht Dritten gegenüber ist unwirksam. Sie findet aber da eine Grenze, wo die Grundlagen des Gesellschaftsverhältnisses in Frage stehen. Aus diesem Grunde ist die Vertretungsmacht des Gesellschafters ausgeschlossen, wenn es sich darum handelt, den Gesellschaftsvertrag zu ändern, einem Gesellschafter die Befugnis zur Geschäftsführung und Vertretung zu entziehen, einen neuen Gesellschafter aufzunehmen, einen Gesellschafter auszuschließen oder die Gesellschaft aufzulösen. Demgemäß fiel auch der Vertrag, durch den die kraft Gesetzes geltende Abwicklung abgeschnitten werden sollte, aus dem Rahmen der Vertretungsmacht der Frau S. heraus. Der Vertrag verstieß gegen die guten Sitten, da durch ihn bewußt und gewollt die Mitbestimmungs- und Mitverwaltungsrechte der Beklagten abgeschnitten werden sollten. Nach Auflösung der Gesellschaft hatten die Gesellschafterinnen S. und M. dem Ehemann S. die Erklärung abgegeben, daß ihm zum mindesten alle ihm übertragenen Forderungen der Gesellschaft gegen die Beklagten zur Geltendmachung als Treuhänder und Abführung des Erlöses an die Berechtigten verbleiben sollten. Das wäre rechtswirksam gewesen, wenn zu dieser Zeit die Gesellschaft noch nicht aufgelöst gewesen wäre. Mit der Auflösung war die Vertretungs- und Geschäftsführungsmacht der bisherigen Gesellschafter erloschen. Die Abwicklung wird, sofern sie nicht durch den Gesellschaftsvertrag oder durch Beschluß der Gesellschafter einzelnen Gesellschaftern oder anderen Personen übertragen wird, durch sämtliche Gesellschafter als Abwickler vorgenommen. Da eine von der gesetzlichen Regelung abweichende Vereinbarung nicht getroffen worden war, hatten die Gesellschafterinnen S. und M. mit den anderen Gesellschaftern nur Gesamtvertretungsmacht; sie konnten also weder eine jede für sich noch auch zusammen die zum Gesellschaftsvermögen gehörenden Forderungen abtreten. (II, 20. Dezember 1939.)

Amtl. Sammlg. S. 370—377.

Vgl. Bd. 52 S. 161; Bd. 91 S. 412; Bd. 116 S. 116; Bd. 128 S. 176; Bd. 136 S. 236.

61. **Westfälisches Güterrecht.** (BGB. § 2306; EGz. BGB. Art. 213; PrAGzBGB. § 10.) Von einem Ehepaar, das in Gütergemeinschaft nach westfälischem Recht lebte, setzte die Ehefrau nach dem Tod ihres Mannes die Gütergemeinschaft mit ihren Kindern fort. Bei ihrem Tode hinterließ sie ein Testament, in dem über die Erbeinsetzung nichts bestimmt war; demgemäß wurde sie von ihren 11 Kindern zu gleichen Teilen beerbt. Das Testament enthielt die Anordnung, daß von den zum Nachlaß gehörigen Grundstücken nichts veräußert werden dürfe, ohne daß von den 11 Kindern 7 einverstanden wären; eine Tochter wurde als Testamentsvollstreckerin bestellt. Einer der Erben hielt sich durch diese Anordnung für unzulässig beschränkt und klagte gegen die anderen Erben auf Auszahlung des auf ihn treffenden Schichtteils. Das Landgericht erkannte den Anspruch als dem Grunde nach gerechtfertigt an. Das Berufungsgericht wies die Klage ab. Die Revision blieb erfolglos. Durch die beanstandeten Anordnungen hatte die Mutter des Klägers in dessen Anspruch auf den Schichtteil eingegriffen; daraus ergab sich aber nur, daß er seinen Schichtteil trotz der Anordnungen verlangen konnte. Um diesen Anspruch geltend zu machen, hätte aber der Kläger die Erbschaft ausschlagen müssen. Der Schichtteilsanspruch besteht zwar schon während der Fortsetzung der Gütergemeinschaft; endgültig regelt sich aber das Erbverhältnis der Kinder erst beim Tode des überlebenden Gatten. Die Berechtigten können an dem Nachlaß nur anteilsberechtigt oder nur abfindungsberechtigt sein. Mangels einer Ausschlagung war der Kläger mit dem Tode seiner Mutter Miterbe am Nachlaß geworden, konnte also nicht auch gleichzeitig abfindungsberechtigt sein. Ausdrücklich ist das im Gesetz nur für den Pflichtteil vorgesehen; es muß aber auch für den Schichtteil gelten, da dieser im Gesetz dem Pflichtteil gleichgestellt ist. (IV, 1. Februar 1940.)

Amtl. Sammlg. S. 377—384.

Vgl. Bd. 36 S. 252; Bd. 158 S. 65.

62. **Dienstentlassung. Ruhegehalt.** (PrBeamtDienst.-StrO. § 13; PrBesG. § 2.) Ein Beamter einer preußischen Stadt wurde wegen strafbarer Handlungen verhaftet. Der Oberbürgermeister ordnete die Einbehaltung der Hälfte seines Gehaltes an. Das Strafverfahren endete zum Teil mit Freisprechung, zum Teil mit Einstellung. Der Oberbürgermeister leitete daraufhin das Dienststrafverfahren ein und verfügte die Fortdauer der Einbehaltung der Gehaltshälfte. Das Urteil lautete auf Dienstentlassung; doch wurde dem Beamten die Hälfte des Ruhegehalts als Unterstützung zugebilligt. Die Stadt berechnete das Ruhegehalt, das dem Kläger im Zeitpunkt der Dienstentlassung gebührt hätte, und wies ihm die Hälfte davon an. Er war der Auffassung, daß er die Hälfte des Ruhegehalts zu beanspruchen hätte, das ihm bei einer Zurruhesetzung in diesem Zeitpunkte zugekommen wäre. Seine Klage auf Zahlung des Unterschiedes hatte keinen Erfolg. Jedes Ruhegehalt bestimmt sich nach dem ruhegehaltsfähigen Diensteinkommen und der ruhegehaltsfähigen Dienstzeit. Die Dienstzeit lief beim Kläger bis zum Zeitpunkt der Rechtskraft des Urteils. Das ruhegehaltsfähige Diensteinkommen ist jenes, das dem Beamten im Augenblick der Zurruhesetzung zustand. Für den dienstentlassenen Beamten tritt an die Stelle des Zeitpunktes der Zurruhesetzung jener der Entlassung. Der Kläger wäre, wenn nicht ein Dienststrafverfahren gegen ihn eingeleitet worden wäre, im Gehalt aufgestiegen; dieser Anspruch ruhte aber während des Dienstrafverfahrens und erlosch mit der Rechtskraft des auf Dienstentlassung lautenden Urteils. (III, 5. Januar 1940.)

Amtl. Sammlg. S. 385—388.

63. **Gesellschaft. Kündigung. Treu und Glauben. Unzulässige Rechtsübung. Schadenersatz.** (BGB. §§ 712, 723, 736, 737.) Eine Frau, die ein Brauereianwesen ererbt hatte, war zweimal verheiratet gewesen. Nach ihrem Tode schloß der Witwer mit den Kindern aus beiden Ehen einen Gesellschaftsvertrag, wonach der Betrieb für Rechnung der Gesellschaft weitergeführt werden sollte. Zur Geschäftsführung und Vertretung der Gesellschaft wurden der Witwer und der älteste Sohn aus erster Ehe bestellt. Zwischen ihnen kam es nach einigen Jahren zu einem heftigen Streit, in dessen Verlauf der Witwer seinem

Stiefsohn einen Messerstich versetzte. Er wurde wegen Totschlagsversuchs zu einer Gefängnisstrafe verurteilt. Der älteste Sohn der ersten Ehe und der älteste Sohn der zweiten Ehe stellten daraufhin an die übrigen Gesellschafter den Antrag, den Witwer aus der Gesellschaft auszuschließen und ihnen die Geschäftsführung zu übertragen. Dieser Antrag wurde abgelehnt. Die Antragsteller kündigten daraufhin den Gesellschaftsvertrag mit sofortiger Wirkung und verlangten die Auseinandersetzung. Die anderen Gesellschafter beriefen sich auf eine Bestimmung des Gesellschaftsvertrags, wonach im Falle des Ausscheidens eines Gesellschafters die übrigen Gesellschafter die Brauerei fortführen und dem ausscheidenden Gesellschafter den Wert seines Geschäftsanteils in zehn gleichbleibenden Jahresraten hinauszahlen sollten. Die Klage auf Feststellung, daß durch die außerordentliche Kündigung der Gesellschaftsvertrag aufgelöst worden sei, und auf Feststellung der Pflicht zum Ersatz des durch die aufgezwungene Kündigung entstandenen Schadens hatte in den unteren Rechtszügen nur teilweise Erfolg. Das Berufungsgericht erklärte die Kündigung der Kläger für wirksam, nahm aber an, daß sie nur deren Ausscheiden, nicht die Auflösung der Gesellschaft zur Folge gehabt habe; dem Antrag auf Feststellung der Schadenersatzpflicht gab es statt. Das Reichsgericht verwies die Sache zurück. Daß ein wichtiger Grund für eine außerordentliche Kündigung vorlag, stand außer Streit; umstritten war aber die Wirkung der Kündigung. Das Reichsgericht wies auf die Möglichkeit hin, daß die von den Klägern ihrer Kündigungserklärung beigefügte Begründung, wonach sie damit ausschließlich die Auflösung der Gesellschaft erstrebten, die Bedeutung einer inhaltlichen Begrenzung des mit der Kündigung beabsichtigten Rechtserfolges haben konnte in der Weise, daß sie jedenfalls nicht ihr Ausscheiden aus der Gesellschaft bewirkte. Diese Auslegungsfrage hatte das Berufungsgericht nicht geprüft. Maßgebend war, ob der Gesellschaftsvertrag das Fortbestehen der Gesellschaft unter den übrigen Gesellschaftern auch für den Fall hatte bestimmen wollen, daß das Gesellschaftsverhältnis aus einem wichtigen Grunde außerordentlich gekündigt wurde. Ausgeschlossen war das nicht, da jeder Gesellschafter auch in einem solchen Falle die Möglichkeit hatte, seine persönliche Bindung gegenüber den übrigen Gesellschaftern zu lösen. Die Abfindung des Ausscheidenden durfte aber nicht so geregelt sein, daß darin für ihn ein erheblicher Nachteil lag gegenüber dem, was ihm die Auflösung bringen würde. Ob damit besonders die Bestimmung des Gesellschaftsvertrags vereinbar war, daß die Abfindung in zehn Jahresraten auszuzahlen sei, bedurfte sorgfältiger Prüfung. Die Kläger hatten aber noch weiter geltend gemacht, daß die Beklagten durch die Ablehnung des Antrags, den Witwer aus der Gesellschaft auszuschließen oder ihm doch die Geschäftsführung zu entziehen, ihre gesellschaftliche Treupflicht verletzt hätten, so daß es als unzulässige Rechtsausübung erschiene, wenn sie nun aus ihrem Verhalten die Folgerung ziehen wollten, von dem ihnen nach dem Vertrage zustehenden Übernahmerecht Gebrauch zu machen. Zu diesem Gesichtspunkt hatte das Berufungsgericht noch nicht Stellung genommen. Die Aufhebung des Urteils auf die Revision der Kläger nötigte ohne weiteres dazu, auch der Anschlußrevision der Beklagten stattzugeben. Das Berufungsgericht hatte die Schadenersatzpflicht der Beklagten damit begründet, daß nach allgemeinen Rechtsgrundsätzen ein Gesellschafter, der durch schuldhaftes vertragswidriges Verhalten zur Kündigung der Gesellschaft Anlaß gibt, dem kündigenden Gesellschafter den Schaden ersetzen muß, der diesem durch die vorzeitige Kündigung des Gesellschaftsverhältnisses entsteht. Dem stimmte das Reichsgericht an sich bei; es erklärte es aber für fraglich, ob Gesellschaftern ein Vorwurf gemacht werden kann, wenn sie es ablehnen, einen Mitgesellschafter, gegen den ein wichtiger Kündigungsgrund vorliegt, aus der Gesellschaft auszuschließen. Nur wenn sich eine solche Weigerung als eine gröbliche Verletzung der gesellschaftlichen Treupflicht darstellt, kann der Gesellschafter, der sich infolge dieser Weigerung zur Kündigung des Gesellschaftsverhältnisses genötigt gesehen hat, die Mitgesellschafter auf Schadenersatz in Anspruch nehmen. Anders liegt die Sache dann, wenn es sich nicht um den Ausschluß eines Mitgesellschafters aus der Gesellschaft handelt, sondern nur darum, ihm die Geschäftsführung zu entziehen. Eine solche Maßnahme kommt in Betracht, wenn die Fortsetzung der Geschäftsführung durch den bisherigen Geschäftsführer für einen oder mehrere der übrigen Gesellschafter untragbar geworden ist. Aber auch in einem solchen Falle bedarf es der Abwägung aller Umstände, ehe sich die Annahme rechtfertigen läßt, daß die sich weigernden Mitgesellschafter durch ihre Weigerung gröblich ihre Treupflicht verletzt und sich dadurch schadenersatzpflichtig gemacht haben. (II, 17. Januar 1940.)

Amtl. Sammlg. S. 388—397.

Vgl. Bd. 89 S. 398; Bd. 142 S. 216; JW. 1926 S. 2897; 1938 S. 521.

64. **Erbrecht. Miterben.** (BGB. §§ 1922, 1952, 2033.) Eine Frau erbte im Jahre 1919 gemeinsam mit ihrer Tochter und drei Geschwistern ein Rittergut zu gleichen Anteilen. Eine Auseinandersetzung fand nicht statt. Als sie im Jahre 1932 starb, wurde sie von ihrer Tochter und ihren vier Söhnen zu gleichen Teilen beerbt. Die Tochter verkaufte mit notarieller Urkunde ihren Erbanteil an dem Rittergut, den sie auf $1/_5 + 1/_{25}$ berechnete. Der Testamentsvollstrecker des ersten Nachlasses vertrat die Auffassung, daß sie nur über ihren eigenen Erbanteil habe verfügen dürfen, nicht aber über den Anteil, den sie erst von ihrer Mutter ererbt hatte; hiefür hielt er eine vorgängige Auseinandersetzung oder Teilauseinandersetzung mit den Brüdern für erforderlich. Der Grundbuchrichter hatte zunächst den Vertrag für wirksam angesehen, nachträglich aber zugunsten der Verkäuferin einen Widerspruch gegen die Umschreibung des Anteils von $1/_{25}$ eingetragen. Der Käufer verweigerte die Zahlung des Kaufpreises, soweit er auf diesen Anteil entfiel. Die Klage hatte keinen Erfolg. Bei dem Tod eines von mehreren Personen beerbten Miterben bildet zwar sein Anteil an dem ursprünglichen Nachlaß nur einen einzelnen Gegenstand des neuen Nachlasses, verliert aber keineswegs die Eigenschaft als Erbteil des ursprünglichen Nachlasses. Infolgedessen bleibt für die Gläubiger des ursprünglichen Nachlasses die Möglichkeit unberührt, diesen Erbteil auch weiterhin ohne Rücksicht auf seine Zugehörigkeit zum neuen Nachlaß in Anspruch zu nehmen. Die mehreren Erben des Miterben am ursprünglichen Nachlaß bilden eine besondere gesamthänderische Untergruppe innerhalb der ersten Erbengemeinschaft; diese Untergruppe tritt als solche in die Stellung des ausgefallenen Miterben ein. Miterben im Sinne des Gesetzes sind nicht die einzelnen

Mitglieder der Untergruppe, sondern die Untergruppe als Einheit. Hat der Miterbe des ersten Nachlasses bei seinem Tode sein Ausschlagungsrecht noch nicht verloren, so kann jeder seiner Erben, auch ohne daß eine Auseinandersetzung stattgefunden hat, den seinem Erbteil entsprechenden Teil der Erbschaft an dem ersten Nachlaß ausschlagen; hat er aber sein Ausschlagungsrecht schon verwirkt, so haben es auch seine Erben nicht mehr, sondern nur ein Ausschlagungsrecht an dem zweiten Nachlaß, in dem die Erbschaft an dem ersten Nachlaß einen Nachlaßgegenstand bildet. Die Klägerin konnte also über den von ihrer Mutter ererbten Anteil an dem ersten Nachlaß nur gemeinsam mit ihren Brüdern verfügen. (IV, 8. Februar 1940.) Amtl. Sammlg. S. 397—402.

65. **Ehescheidung. Neuerungsverbot.** (EheG. §§ 49, 60; DurchfVO. § 76; ÖstZPO. §§ 482, 483.) Der auf Verschulden der Frau gestützten Klage auf Ehescheidung hatte die Beklagte im ersten Rechtszug nicht widersprochen, sondern nur als Grund für die Zerrüttung der Ehe die vielen Kaffeehausbesuche ihres Mannes angegeben. Die Ehe war daraufhin aus dem Verschulden der Frau geschieden worden. Ihre Berufung, mit der sie beantragte, die Klage abzuweisen oder den Mann für schuldig zu erklären, hatte keinen Erfolg. Das Reichsgericht verwies die Sache zurück. Das Berufungsgericht hatte eine Berücksichtigung ihres neuen Vorbringens und damit eine Prüfung des Verschuldens des Klägers an der Zerrüttung der Ehe als unzulässig abgelehnt, weil ein Verfahrensmangel in der Prozeßführung des ersten Rechtszugs nicht nachgewiesen sei. Das entsprach der österreichischen Zivilprozeßordnung. Diese geht davon aus, daß Tatsachen und Beweise, die im ersten Rechtsgang nicht vorgekommen sind, im Berufungsverfahren nur zum Nachweise oder zur Widerlegung der geltend gemachten Berufungsgründe vorgebracht werden dürfen, so daß das angefochtene Urteil nur auf der Grundlage zu überprüfen ist, die im ersten Rechtsgange geschaffen wurde. Dieser Grundsatz erleidet aber im Eheverfahren Ausnahmen. In diesem können bis zum Schlusse der mündlichen Verhandlung, auf die das Urteil ergeht, auch andere als die in der Klage vorgebrachten Klagegründe geltend gemacht werden. Die be-

klagte Partei kann auch im zweiten Rechtsgang eine Widerklage erheben oder statt ihrer den Antrag auf Mitschulderklärung der Klagepartei stellen. Das Neuerungsverbot greift gegenüber einem solchen Antrage nicht durch. (IV, 10. Februar 1940.) Amtl. Sammlg. S. 402—404.

Gesetzesregister.

Seitenzahlen der amtlichen Sammlung.

1 1—5; **2** 5—7; **3** 7—15; **4** 16—20; **5** 20—24; **6** 24—32; **7** 32—35; **8** 35—37; **9** 37—44; **10** 44—47; **11** 47—51; **12** 52—63; **13** 63—64; **14** 65—69; **15** 69—73; **16** 73—78; **17** 78—84; **18** 84—87; **19** 88—93; **20** 93—100; **21** 100—113; **22** 113—116; **23** 116—120; **24** 121—124; **25** 124—127; **26** 128; **27** 129—170; **28** 171—176; **29** 177—181; **30** 181—192; **31** 193—195; **32** 195—198; **33** 198—202; **34** 202—208; **35** 209—217; **36** 218—222; **37** 223—230; **38** 230—238; **39** 238—243; **40** 244—256; **41** 257—264; **42** 264—269; **43** 269—273; **44** 273—279; **45** 279—282; **46** 282—291; **47** 292—298; **48** 298—302; **49** 302—308; **50** 308—316; **51** 316—320; **52** 321—323; **53** 323—329; **54** 329—336; **55** 337—346; **56** 347—349; **57** 349—360; **58** 360—364; **59** 364—370; **60** 370—377; **61** 377—384; **62** 385—388; **63** 388—397; **64** 397—402; **65** 402—404.

Sachregister.

FSC
www.fsc.org
MIX
Papier | Fördert gute Waldnutzung
FSC® C083411

Kolibri 360 GmbH
Ferdinand-Jühlke-Straße 7
99095 Erfurt, Deutschland
produktsicherheit@kolibri360.de